4M风险屏障与安全环保风险数据库建设

冯树臣　编著

Management

Medium

Machine

Man

中国电力出版社
CHINA ELECTRIC POWER PRESS

内 容 提 要

企业风险预控管理是当前行之有效的、先进的安全环保标准化管控模式，而风险预控安全理念研究和风险数据库建设是确保风险预控落地的核心基础，高效和高质量电力发展对安全生产提出了新的挑战和更高要求。

本书基于编者多年电力生产经营管理、科研经验和实践，全面、系统地介绍了电力企业安全风险预控基本概念，4M风险屏障基本理论建设与机理、模型，以及基于此理论的事故致因因素分析，风险辨识，评价与控制方式、方法，风险预控标准化体系模式及运作方法，安全环保风险数据库的策划、编制。全书共6章，其中4M风险屏障理论为作者新创。

本书在编写上注重实用性、可读性、可操作性，以生动形式阐述了电力企业安全风险预控的理论、方式与方法。全书内容系统完整、案例生动，重点突出，具有一定的深度和广度，参考价值较高。本书供电力企业领导人员、安全管理人员、生产技术人员、安全工程师、班组长等学习参考，也可作为电力安全生产标准化培训教材使用。

图书在版编目（CIP）数据

4M风险屏障与安全环保风险数据库建设/冯树臣编著 . —北京：中国电力出版社，2021.5（2022.8重印）
ISBN 978 - 7 - 5198 - 5550 - 5

Ⅰ.①4… Ⅱ.①冯… Ⅲ.①电力工业 - 工业企业管理 - 风险管理 - 数据管理 - 中国 Ⅳ.①F426.61

中国版本图书馆 CIP 数据核字（2021）第 067815 号

出版发行：中国电力出版社
地　　址：北京市东城区北京站西街 19 号（邮政编码 100005）
网　　址：http：//www.cepp.sgcc.com.cn
责任编辑：宋红梅　董艳荣
责任校对：黄　蓓　常燕昆
装帧设计：赵姗姗
责任印制：吴　迪

印　　刷：三河市万龙印装有限公司
版　　次：2021 年 5 月第一版
印　　次：2022 年 8 月北京第二次印刷
开　　本：787 毫米×1092 毫米　16 开本
印　　张：13.5
字　　数：184 千字
印　　数：1501—2000 册
定　　价：78.00 元

前　言
PREFACE

　　党的十九大描绘了中国未来发展的宏伟蓝图，习近平总书记提出了"四个革命、一个合作"的能源战略思想，明确了我国能源事业的总要求和战略方针，对能源安全与环保提出了更高的要求。

　　电力工业是国家国民经济及能源的支柱产业，其安全环保运行不仅关系到国家的经济发展，更是与社会稳定密切相关。企业风险预控管理是当前行之有效的、先进的安全环保管控模式，在我国电力行业已逐步推行，但仍处于发展阶段。

　　目前应用比较广泛的仅是基于作业任务的风险评估与预控方法，鲜有完整的涉及电力生产过程全要素、全过程的风险评估与预控；同时，由于人们对事故根源及风险的理解、认识不同，采用的理论体系及模式也不一；而在具体风险预控管理实践中，也没有很好地开展基于风险的全面辨识、评估，没有建立较完整的风险数据库基准等。因而导致目前发电企业在实际生产的风险预控管理过程中，存在风险评估针对性不强、随意性大、控制效果不佳、重复劳动和工作效率低下等问题。而这些暴露的问题，既反映出因当前缺乏有效的、本土化、行业化风险理论支撑和评估标准的统一性，对我国电力行业进一步深化事故风险预控、安全持续发展带来一定影响，也恰恰是我们在新时代下对把握发电企业高质量发展阶段能源变革的新趋势、新特征，顺势推动能源企业转型升级的迫切需要。

　　本书基于国内外先进事故致因理论及安全管理理论，结合火力发电企业生产现场客观实际及编者多年实践研究，将事故逆向思维（事故致因）和风险预控的正向思维（屏障控制）相结合，首次在电力行业内提出基于安全管理物、人、环、管4M要素的"4M风险屏障系统"风险预控理论及模式，形成了一套较为系统和全面的风险评估理论与方法论。在当前各种理论纷杂，缺乏系统性和统一的情况下，为发电企业乃至行业的现场安全环保风险辨识、评估、预控及其风险数据库等标准化建设提供了一种新型的、较全面的、科学的理论依据、指导方向及标准。

本书内容包括电力风险基本概念的确定，"4M风险屏障系统"理论构成，4M事故致因模式及屏障机理，4M风险事故致因因素分类及范围，安全环保风险辨识的基本方法、标准及对象，安全环保风险评价与控制措施制定方法，以及企业安全环保风险数据库建设的流程、方法及内容、示例等方面，具有一定深度、广度，以及较好的推广性和实用性。

由于编者水平有限，时间仓促，书中难免有疏漏和不妥之处，恳请大家批评指正。

编者

2021 年 3 月

目 录
CONTENTS

1

基本概念与定义

1.1　基本概念

采用风险辨识与预控技术来防范安全环保事故，越来越受到电力行业欢迎并已付诸实践，但对于某些安全与风险有关基本概念与术语仍然有不同的认识，本节为更好地进行危险辨识、风险评价及其风险数据库建设，特对以下概念予以明确。

1.1.1　危险是绝对的

危险（Hazard）是一种可能导致人员伤害、财产损失或环境影响的内在的物理或化学、生物特性，或是某一系统、产品、设备或操作的内部和外部的一种潜在的根源、状态、行为或其组合，其发生可能会造成人员伤害、职业病、财产损失或作业环境、生态环境的破坏。

危险是客观必然的。人类社会发展进程中始终面临着各种各样的危险，危险是独立于人的意识之外的客观存在。无论人们的认识多么深刻、技术多么先进、设施多么完善，在物、人、环、管综合功能的残缺始终存在，危险始终不会消失。发电企业生产和经营活动中，由于存在电能及绝大部分高温高压介质、众多转动机械设备及煤、油、氢、氨、酸、碱等种类复杂原材料，容易发生各类触电、机械伤害、爆炸、火灾、中毒、窒息、污染等安全环保事故。无论人们科技水平处于什么层次，这种危险是时刻存在的，不以人的意志为转移。

危险具有导致事故的不确定性和规律性。危险虽然是不以人的意志为转移的绝对存在，但是具体到某一危险来说，其导致的事故发生也有一定偶然性，具有空间、时间和结果上的不确定性。另外，通过对事故的分析，也发现其具有一定的规律性。著名的海因里希法则即是如此：即发生的300起未遂事件中，必然会发生29起轻微伤害或轻伤事故，每29起轻微或轻伤事故中，必然会导致1起重伤或死亡事故。

1.1.2   安全是相对的

安全（safety）是指不受威胁、没有危害及损失，与生存环境的和谐相处、互不伤害，免除了不可接受的损害风险的状态。在电力生产而言，是将系统的运行状态及其环境对员工的生命、财产、生态环境可能产生的损害控制在人们能接受水平以下的状态。故安全没有绝对，只有相对；安全没有最好，只有更好；安全没有终点，只有起点。

理想的安全或绝对的安全，是一种纯粹的完美，是一种理想的能保障人能舒适、安全、高效地工作或进行其他活动的一种境界，是人们努力追求的目标。无论从理论上还是在实践上，人们永远无法制造出绝对安全的状况，这既有技术方面的原因，也有经济成本方面的限制。客观上，人类发展安全科学技术不能实现绝对的安全境界，只能是使风险趋于"零"的状态，但这并不意味着事故不可避免。恰恰相反，人类通过安全科学技术的发展和进步，实现了"高危低风险""低风险无事故"。因此，可以理解为安全是人们可接受风险的程度。当实际情况达到这一程度时人们认为是安全的，低于这一程度就认为是危险的，这一程度称为安全阈值或临界点。

安全具有相对性，但从微观和具体的技术对象面而言，安全也存在绝对特征。如从物理或化学的角度，基于安全微观的技术标准而言，安全技术标准是绝对的。因此，认识安全相对性的同时，也必须认识到安全在自然属性中的技术标准的绝对性和刚性。

1.1.3   风险是无处不在的

风险（risk）是指某一特定危险情况发生的可能性和后果的组合，风险不等于危险。在发电企业中的安全环保风险是指发生安全环保事件的可能性，与随之引发的人身伤害、健康损害、财产损失、工作场所环境破坏或生态环境影响的严重性的组合。

在日常生活中风险无处不在，人们也经常会有意识或下意识地进行风险判断，比如决定是否过马路，是否吃健康的食品，在天气变冷时是否添加衣服，或者在参加某些运动时会对可能造成的危害进行判断。正如生活中处处存在风险，在发电企业生产经营活动和产品中同样不可避免地存在风险。

风险总是伴随着危险而存在，没有危险就没有风险。但也没必要一说到危险就人人自危。危险是客观的，无法改变的，但危险并不等于事故。危险虽然与事故有因果关系，但其只有在一定条件刺激下，风险增大后才能演变为事故，人们可以通过对其风险大小的控制努力改变危险性质。即通过采取个人防范措施，改变危险出现的频次或改变其后果的严重程度和损失大小，就可以改变风险的大小，从而降低危险性。这就是风险控制和风险管理的宗旨。

对风险控制必须考虑四个特殊含义：

（1）风险是一种"零–无穷大"事件，即风险导致事故发生的可能性可能很小（趋于零），但一旦发生后果却有可能十分严重。例如煤矿瓦斯爆炸、电厂锅炉爆炸等。

（2）危害事件风险的作用强度虽很小，但有时具有累积效应，比如管理风险对事故促发和粉尘、有毒有害气体对人体职业健康的危害的累积效应等。

（3）风险具有动态性，即某种条件下可接受的、安全的，但在其他条件下就不一定是可接受的、安全的，甚至是极度危险的；以及环境等条件一旦发生变化，同样的事不同的人或不同方式下的同一风险，又会呈现出不同风险危害特性。

（4）人们总是希望以最小的投入获得最大的安全，即风险判断度的合理和准确性。

1.1.4　事故是可以预防的

事故（accident）是指在人们在生产、生活活动中突然发生的意外事件，其根源是风险的失控或控制不良；因为事故发生与否和后果严重程度是由系统中固有风险和现实剩余风险决定的，所以控制了系统中的风险就能预防事故发生，是可控的。在电力生产中，人们可以从设计、制造、安装、调试、运行、检修、维护、改造等环节，对事故发生的可能性和后果严重度加以管控，从而进行有效的风险控制，实现对事故的预防。

事故的可防性是指从理论和客观两个层面上讲，任何事故的发生是可预防的，其后果是可控的。事故的可防性和事故的因果性、随机性、潜伏性一样都是事故的基本特征。认识这一特性，对坚定信心、防止事故发生有促进作用。人们首先应该努力防止事故的发生，通过各种合理的对策和努力，降低风险，从根本上消除事故发生的隐患（即风险失控或管控缺失）；其次也应考虑一旦发生后如何减少损失或避免二次扩大，即应急准备与响应，最终把事故的发生及其损失降到最低限度。

1.2　术语与定义

为统一标准、提高效率，方便发电企业生产现场安全环保风险辨识与评估，本节中对有关的术语与定义进行了明确。

1.2.1　危险有害因素 hazardous harmful factors

危险有害因素是指可能导致人身伤害和（或）健康损害（1.2.13）、财产损失、工作场所环境破坏的因素，包括根源、状态、行为，或其组合。本书中主要是指人的不安全行为（1.2.2）、物的不安全状态（1.2.3）、环境的不良条件（1.2.4）及管理缺失或失误（1.2.5）四个方面。

注1：改写 GB/T 13861—2009《生产过程危险和有害因素分类与代码》，定义 3.1 危险有害因素和 GB/T 45001—2020《职业健康安全管理体系　要求及使用指南》，定义 3.19 危险源。

注2：在有些著作或标准中危险和有害因素也统一称作危险源，在本书中为更好地辨识人的不安全行为和管理缺失或失误，危险源一般是指高危能量源或危险介质的物的不安全根源。

注3：本定义不包括生态环境因素，有关生态环境因素见定义本章 1.2.20。

1.2.2 人的不安全行为 unsafe behavior of human beings

人的不安全行为是指与电力生产各环节有关的，来自人员自身或人为性质的行为性危险和有害因素。

注：改写 GB/T 13861—2009《生产过程危险和有害因素分类与代码》，定义 3.3。

1.2.3 物的不安全状态 unsafe state of machine

机械、设备、设施、材料、工器具等方面存在的危险和有害因素。

注：改写 GB/T 13861—2009《生产过程危险和有害因素分类与代码》，定义 3.4。

1.2.4 环境的不良条件 adverse environmental conditions

发电生产及作业环境中的危险和有害因素。

注：改写 GB/T 13861—2009《生产过程危险和有害因素分类与代码》，定义 3.5。

1.2.5 管理缺失 management defects

管理和管理责任欠缺、疏忽、错误等导致的危险和有害因素。

注：改写 GB/T 13861—2009《生产过程危险和有害因素分类与代码》，定义 3.6。

1.2.6 安全生态环境风险 safe ecological environment risk

发生危险有害因素（1.2.1）事件的可能性，与随之引发的人身伤害、健康损害、财产损失、工作场所环境破坏或生态环境影响的严重度的组合。本书中简称"风险"。

注：改写 GB/T 33000—2016《企业安全生产标准化基本规范》，定义 3.8。

1.2.7 风险评估 risk assessment

包括风险辨识（1.2.8）、风险分析（1.2.9）和风险评价（1.2.10）的全过程。

注：改写 GB/T 23694—2013《风险管理 术语》，定义 4.4.1。

1.2.8   风险辨识 risk identification

识别危险有害因素（1.2.1）的存在并描述、确定其特性的过程。

注1：改写 GB/T 23694—2013《风险管理 术语》，定义 4.5.1。

注2：风险辨识包括风险源（1.2.26）、事件（1.2.27）及其原因和潜在后果的识别。

1.2.9   风险分析 risk analysis

理解风险性质，确定分析大小的过程。

注：改写 GB/T 23694—2013《风险管理 术语》，定义 4.6.1。

1.2.10   风险评价 risk evaluation

对风险源（1.2.26）导致的风险（1.2.6）进行对比、分析，对现有控制措施加以考虑以及对风险是否可接受予以确定的过程。

注：改写，GB/T 23694—2013《风险管理 术语》，定义 4.7.1。

1.2.11   预控策划 pre – control planning

策划确定处理风险（1.2.6）的措施。

注1：改写 GB/T 23694—2013《风险管理 术语》，定义 4.8.1.1。

注2：预控策划包括处理风险的任何流程、标准、策略、设施、操作或其他行动。

1.2.12   风险准则 risk coriteria

评价风险（1.2.6）重要性的依据。

注1：GB/T 23694—2013《风险管理 术语》，定义 4.3.1.3。

注2：风险准则可以源自标准、规范、法律、政策和其他要求。

1.2.13   伤害和健康损害 injury and ill health

可有确认的，对人的生理、心理或认知状况的不利影响，包括职业疾病、不健康和死亡。

注：修改 GB/T 45001—2020《职业健康安全管理体系　要求及使用指南》，定义 3.18。

1.2.14　可控风险 acceptable risk

根据企业法律义务和安全、生态环境方针已降至可容许程度的范围。

1.2.15　可能性 likelihood

某件事发生的机会。

注 1：GB/T 23694—2013《风险管理 术语》，定义 4.6.1.1。

注 2：指危险有害因素（1.2.1）发生的机会。

1.2.16　后果 consequence

指危险有害因素（1.2.1）和生态环境因素（1.2.20）对人身伤害和健康损害（1.2.13）、财产损失或生态环境影响的结果。

注：改写 GB/T 23694—2013《风险管理 术语》，定义 4.6.1.3。

1.2.17　风险矩阵 risk matrix

通过确定后果（1.2.16）和可能性（1.2.15）的范围来排列显示风险（1.2.6）的工具。

注：GB/T 23694—2013《风险管理 术语》，定义 4.6.1.7。

1.2.18　风险等级 level of risk

单一风险（1.2.6）或组合风险的大小，以后果（1.2.16）和可能性（1.2.15）的组合来表达。

注：GB/T 23694—2013《风险管理 术语》，定义 4.6.1.8。

1.2.19　风险集成 risk aggregation

将多个风险综合为一个风险（1.2.6），以便更为全面的把握总体风险。

注：GB/T 23694—2013《风险管理 术语》，定义 4.7.1.5。

1.2.20　生态环境因素 ecological environmental aspect

一个组织（1.2.22）的活动、产品和服务中与生态环境或能与生态环境发生相互作用的要素。

注1：GB/T 24001—2016《环境管理体系 要求及使用指南》，定义3.2.2。

注2：一项生态环境因素可能产生一种或多种生态环境影响（1.2.21），重要生态环境因素是指具有或能够产生一种或多种重大生态环境影响的因素。

注3：重要生态环境因素是由组织运用一个或多个准则确定的。

1.2.21　生态环境影响 environmental impact

全部或部分地由组织（1.2.22）的生态环境因素（1.2.20）给生态环境造成的不利或有益的变化。

注：GB/T 24001—2016《环境管理体系 要求及使用指南》，定义3.2.4。

1.2.22　组织 organization

为实现目标，由职责、权限和相互关系构成自身功能的一个人或一组人。

注1：GB/T 24001—2016《环境管理体系 要求及使用指南》，定义3.1.4。

注2：组织包括但不限于个体经营者、企业、企事业单位、政府机构、社团等或上述单位中的一部分或结合体，无论其是否具有法人资格、公营或私营。例如：企业、部门（车间）、专业、班组、项目部、一个作业小组或一个作业成员。

1.2.23　工序风险 process risk

每一个工序或工艺中单项风险。

1.2.24　任务风险 task risk

根据任务工序、单元中的工序风险（1.2.23）进行风险集成（1.2.19）后的总体项目风险。

注1：任务风险包括运行操作任务、检修与维护作业任务和其他施工作业任务，一般可分为公司级（厂级）、部门级（车间级）、班组级。

注2：在日常风险管控中一般都习惯以一个任务风险来体现和方便管控。

1.2.25 安全见证 （S/M 过程） safety witness （safety professional/manager point）

根据任务风险设定的安全管理人员（S）和领导管理人员（M）对任务及其风险进行全过程或关键环节到岗监督的管理过程。

注1：鉴于安全环保事故的非可逆性，安全见证强调的是对过程和环节中风险源的全覆盖、预防性的事前、事中监督和纠正，而非事后结果点对点验证或仅签字而已。

注2：S1 表示监督体系部门（车间）级安全专职人员到岗到位，M1 表示保障体系部门（车间）负责人到岗到位。M1 有时也可延伸到专业主管、班组长一级。

注3：S2 表示监督体系企业级安全专职人员到岗到位，M2 表示保障体系企业领导人员到岗到位。

1.2.26 风险源 risk source

可能单独或共同引发安全生态环境风险（1.2.6）的内在要素。

注1：采用 GB/T 23694—2013《风险管理 术语》，定义 4.5.1.2。

注2：风险源可以是有形的也可无形的，在本书中是指危险有害因素和生态环境因素。

1.2.27 事件 event

在生产中由于物、人、环、管因素引起的或在工作、生产过程中发生的可能或已经导致后果的情况。

注1：改写 GB/T 45001—2020《职业健康安全管理体系 要求及使用指南》，定义 3.35 和 GB/T 23694—2013《风险管理 术语》，定义 4.5.1.3。

注2：事件可以是一个或多个情形，并且可以由多个原因导致。

注3：事件可以包括没有发生的情形。

注4：事件有时可称为事故。

注5：没有造成后果（1.2.16）的事件可称为"未遂事件"，没有发生但可能造成后果的事件可称为"事故隐患"。

2

4M 风险屏障系统
安全理论

2.1 依据与由来

从安全系统的对象特性来看，为有效预防和控制事故，首先必须充分研究两个系统：一是事故系统；二是预防控制系统，这两个系统也即构成了完整的安全风险预控体系。而事故系统是整个安全风险预控系统的基础和核心，只有知晓事故发生的机理，弄清楚事故根源，即事故致因因素，人们才有可能通过消除、控制事故致因因素的风险，最终防止事故发生。

事故致因理论是基于此而产生的。事故致因理论是从大量典型事故的根本原因分析中提炼出的事故机理和事故模型。这些机理和模型可以反映事故发生的规律性，能够对事故原因进行认定和分析，为事故预防和控制以及改进安全风险管控，从理论上奠定了科学的依据。

对事故致因的理论研究古已有之。在科学技术落后的古代，由于人们对自然界认识的匮乏，往往把事故和灾害的发生看做是人类无法违抗的"天意"，而"天意论"由此产生，这是最早的事故致因论。但随着科学技术及生产力发展，生产方式的改变，尤其是工业革命后，随着工业事故频繁发生，人们从各种工业事故中不断总结经验教训，探索事故发生规律，对事故本质的认识也不断深入，逐步形成了较完整的各类事故致因理论和不同的观点学说，这些理论和观点学说归纳起来，目前大致主要经历了四个历史时期，如图 2 - 1 所示。

2.1.1 理论依据

概括而言，4M 风险屏障系统理论是建立在以下定义、概念和事故致因理论上的新型系统性安全风险预控理论体系。

2.1.1.1 "4M"定义

国内外对事故致因的研究虽有不同观点和学说，但无论如何，对事故致因

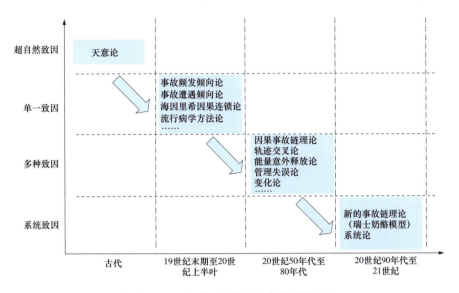

图 2 - 1　事故致因理论的发展历程

理论研究不外乎集中在物、人、环、管等方面，事故系统要素及逻辑关系见图 2 - 2。日本学者西岛茂一对前人提出的事故连锁反应理论进行了深层次的分析和总结，提出安全事故发生的四大致因，分别为人的因素（Man）、机的因素（Machine）、环境的因素（Medium）、管理的因素（Managment），统称为安全管理的 4 要素，简称"4M"。

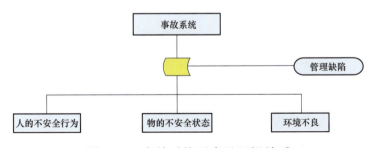

图 2 - 2　事故系统要素及逻辑关系

本书中结合发电企业生产现场实际，沿用其 4M 称谓基础上对其内涵进行了适当延伸（简称物、人、环、管），并将最具有本质安全的"物的因素"放在第一位，具体如下：

（1）物的因素（Machine & Material）。在逆向事故系统的致因分析中把原"机"的内涵进行扩展，包括设备、系统及所有构建筑物/其他附属设施、物料及工器具等，包括物的能量源及危险介质，定义为"物的不安全状态"；在正向安全系统风险屏障中定义为"物本安全"，统称为物的因素。

（2）人的因素（Man）。在逆向事故系统的致因分析中定义为"人的不安全行为"；在正向安全系统风险屏障中定义为"人本安全"，统称为人的因素。

（3）作业场所环境的因素（Medium）。为区别生态环境中有关环境的定义，本因素的"环境"特明确为单指作业场所的工作环境条件。在逆向事故系统的致因分析中定义为"作业场所环境的不良条件"，包括空间、地面、温度、湿度、照明、通风、气候条件及人文氛围等；在正向安全系统风险屏障中定义为"作业场所设备系统及人文环境安全"，统称为作业环境因素。

（4）管理的因素（Managment）。在逆向事故系统的致因分析中定义为"管理缺失或失误"；在正向安全系统风险屏障中定义为"组织管理的系统安全"，统称为管理的因素。

2.1.1.2 风险屏障概念及内涵

本书中有关屏障的概念来自于核电的物的屏障防御理论。为了防止核电站的核辐射风险，核电企业在设计时广泛采用了对核辐射的多重物质屏障纵深防御体系，当有一道防御屏障失效时，其他屏障能起到及时补充防御作用，确保核辐射不外泄、不外漏，核电四道屏障具体如下，屏障示意见图 2-3。

第一道屏障：二氧化铀陶瓷芯块。它能包容 98% 的裂变碎片及其衰变产物，构成了第一道安全屏障。

第二道屏障：由铀块组成的锆合金包壳。它把核燃料核裂变产物封闭起来，构成了第二道屏障。

第三道屏障：压力容器和密闭的一回路系统。从反应堆来的水在蒸汽发生器中温度降低后，经一回路的循环泵驱动，又回到压力容器的堆芯继续加热，完成第一回路循环，这是用 20cm 厚的高级合金钢精密加工制成，构成了一回路和压力壳组的第三道屏障。

第四道屏障：安全壳。安全壳是双层结构的庞大构建筑物，外层为 1m 厚的预应力钢筋混凝土，内壁为 6mm 厚的钢板。能耐 3~4 个大气压的压力，能承受地震、飓风、龙卷风和来自内部或外部飞射物与飞机坠落的撞击。

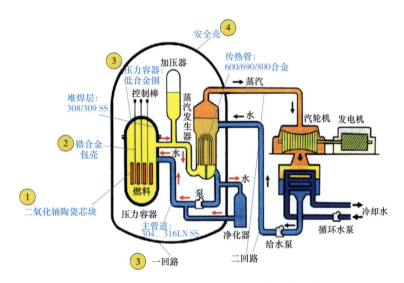

图 2-3 核电站四道安全屏障示意图

核电的四道核辐射安全防御屏障主要都是物的实体屏障，而对安全环保风险而言，仅仅是物的屏障仍然是不够的，本书中将核电的 4 大实体物的屏障内涵进行扩展，使之既包括物的实体屏障，同时还包括人、环境、管理的这些非物因素的屏障，且按本质安全的属性顺序，最终构成一个物、人、环、管较完整的安全环保风险控制屏障。

2.1.1.3 事故因果致因理论研究

1. 海因里希的事故因果连锁理论

1931 年，美国工程师海因里希（Heinrich）首先提出了事故因果连锁理论，又称为海因里希模型或多米诺骨牌理论。海因里希认为伤亡事故的发生并不是一个孤立事件，尽管伤害的发生可能在某个瞬间，却是一系列互为因果的原因事件发生的结果。人们多用多米诺骨牌来形象地展示这种因果连锁关系，即在多米诺骨牌中，一块骨牌碰倒了，将引起连锁反应，后续几块骨牌也将相继被推倒。在事故因果连锁中，事故的原因包括 3 个层次：直接原因、间接原因和根本原因。海因里希的因果连锁模型见图 2-4。

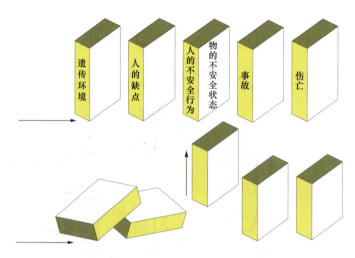

图 2-4 海因里希的因果连锁模型

海因里希在调查了美国的 75000 起工业伤害事故后，发现占总数 98% 的事故是可以预防的，只有 2% 的事故是不可预防的。在可预防的事故中，以人的不安全性行为为主要原因的事故占 88%，以物的不安全状态为主要原因的事故占 10%。根据海因里希的研究，事故的主要原因或者是人的原因，或者是物的原因，没有一起事故是由于人及物共同引起的，即使是物的原因也是由人的缺点、错误造成的。他得出的结论是，几乎所有的工业伤害事故都是由于人的不安全行为造成的。

海因里希将事故因果连锁过程概况为 5 大因素：遗传及社会因素、人的缺点、人的不安全行为及物的不安全状态、事故、伤亡。同时，他认为 5 大因素之间存在如下逻辑关系：人员伤亡的发生是事故的结果，事故发生的原因是人的不安全行为或物的不安全状态，人的不安全行为或物的不安全状态是由于人的缺点造成的，而人的缺点是由于不良环境诱发，或者是先天的遗传因素造成的。

海因里希的事故因果连锁理论首次提出了"人的不安全行为"和"物的不安全状态"的概念，并明确了在事故中所起的作用，一定程度上揭示了"人"及"物"这两个重要事故致因因素在事故中所起的作用及其规律，具有划时代的意义。但他认为各块骨牌之间的连锁不是绝对的，而是随机的。前面的牌倒下，后面的牌可能倒下，也可能不倒下，这对解释事故致因也过于简单；同时，他将人的不安全行为和物的不安全状态产生的原因完全归因于个人的缺点，也表现出时代的局限性。

2. 博得的事故因果连锁理论

美国学者小弗兰克·博得（Frank Bird）在海因里希的基础上进行了深入研究，提出了加强管理观点的事故因果连锁理论。博得的事故致因连锁理论同样有 5 大因素组成：控制不足、基本原因、直接原因、事故、伤害，但其每个因素内涵与海因里希有所不同。

（1）控制不足—管理。博得认为，安全管理是企业的生产管理中重要组成部分，安全管理的主要工作即是对人的不安全行为和物的不安全状态进行控制，是一种动态的管理，这是安全管理的核心工作。在一个企业中，大多数情况下完全依靠工程技术措施预防事故既不经济也不现实，只能通过加强和完善安全管理工作，才能防止事故发生。

而在安全管理中，作为企业领导者应懂得管理的基本理论和原则。在安全管理中，企业领导者的方针、政策及决策对现场安全生产具有十分重要的影响和地位。包括安全生产目标、人员配备、各资源利用，职责及权限的分工、员工培训及指导、监督，信息交流与传递，设备、设施的采购、维护与设计及其操作规程等。由于管理上的欠缺，从而会导致或诱发事故的基本原因产生。

（2）基本原因—起源论。为了从根本上预防事故，必须查明事故的基本原因，只有针对基本原因采取对策才有针对性。基本原因包括个人原因及与工作条件有关的原因。个人原因包括自身的知识或技能、动机或生理与心理上的问题。与工作条件有关的原因包括规程制度、设备、材料不合格、器材磨损，以及温度、压力、湿度、粉尘、有毒有害气体、蒸汽、通风、噪声、照明、工作场地状况（容易滑倒的地面、障碍物、不可靠的支持物、有危险的物体）等环境因素。这方面的原因是由于管理缺陷造成的。只有找出这些问题基本的、背后的原因，才能有效地控制事故的发生。

所谓起源论，在于找出问题基本的、背后的原因，而不是仅仅留在表面现象上。

（3）直接原因—征兆。人的不安全行为和物的不安全状态是导致事故发生的直接原因，这是安全管理中必须重视和加以追究的。但这一直接原因往往是表象的东西，是进一步的深层次原因（基本原因或根本原因）的表征。在实际安全管理中，如果只抓住了作为表面现象的直接原因而不追究其背后的隐藏的深层次原因，就永远不能从根本上解决事故的发生根源，从而易导致事故的再次或反复发生。在现实安全管理中，人们应该去预测及发现这些作为管理缺失征兆的直接原因，更应积极去解决隐藏在直接原因背后的管理缺失问题，并采取有效的控制措施，从根本上杜绝事故的发生。

（4）事故—接触。近些年来，越来越多的安全专业人士从能量的观点出发，将事故看成是人的身体或构（建）筑物、设备与超过其阈值的能量的接触，或人体与妨碍正常生理、心理活动的物质接触，认为是防止事故就是防止接触。为了防止接触，可以通过改进设备、系统、装置、设施及材料，防止能量释放，通过训练提高工人识别危险的能力、佩戴个人劳动保护用品等来实现。

（5）伤害—损坏—损失。博得模型中的伤害内涵，扩展到了工伤、职业病以及人员的精神和神经方面或全身性的不利影响。人员伤害及财产损失统称为损失。

许多情形下，人们可以通过采取恰当的措施减少事故的损失。例如，对受伤人员的迅速抢救，对设备进行抢修以及制定专项的应急预案并进行演练等。

博得的事故因果连锁理论，提出了与现代安全观点更加吻合的事故因果连锁关系，增加了一些新内涵和要求。诸如在事故原因分析中，增加了对管理缺失问题的分析，明确了事故三大原因（直接原因、间接原因、根本原因），首次提出了作业场所环境对事故的作用；在事故预防中提出了设备、系统及其设施的改造、劳动防护观点，尤其是通过对伤害机理分析，提出了企业领导者的关键作用和人员抢救、设备抢修等应急观点，无疑对现代事故风险防范仍有较强的积极作用和意义。但其将所有的事故原因完全归因于管理的缺失，也略显机械和偏颇。

3. 亚当斯的事故因果连锁理论

英国的亚当斯（Edward Adams）提出了与博得类似的亚当斯多米诺模型（见图 2 - 5），其主要是把事故的直接原因：人的不安全行为、物的不安全状态称作为现场失误。本来，不安全行为和不安全状态是作业人员在生产活动中的错误行为及生产条件方面的问题。采用现场失误这一术语，目的是以引起人们注意不安全行为和不安全状态的性质。

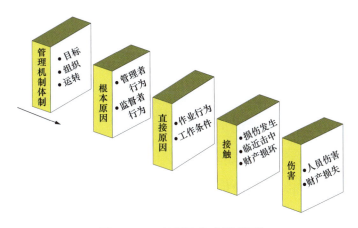

图 2 - 5 亚当斯多米诺模型

亚当斯理论的核心在于对其称作现场失误的背后原因在博得基础上又进行了深入分析和研究。作业人员的不安全行为和生产中不安全状态等现场失误，是由于企业领导者及安全专项管理人员的工作管理失误造成的。管理人员在管理中的差错或疏忽，企业领导人决策错误或没有做出决策等失误，对企业经营管理和事故预防工作具有决定性影响。管理失误反映企业管理体系的问题，他涉及管理机制、体制，包括如何组织、如何确定目标、计划及其实现方法。他认为，管理机制和体制反映作为决策中心的领导人员的信念、目标及范围，决定着各级管理人员安排工作的轻重缓急、工作基准及指导方针等重大问题。

亚当斯的理论，首次对管理机制和体制进行了深入研究，尤其是对企业领导人员、一般管理人员在事故预防中的作用进行了较详细的剖析，初步形成了管理、监督等体系化的管理思维，对当代风险预控体系的建设及其安全第一责任人的责任明确仍具有现实意义。同时，也提出了"现场失误"这一术语，引起了人们对不安全行为和不安全状态的背后根源性质的关注和研究。

2.1.1.4 能量意外释放事故致因理论

1. 能量意外释放理论提出

1961 年，吉布森（Gibson）站在物理本质角度首次提出了解释事故发生的能量意外释放论，1966 年，美国运输部安全局局长哈登（Haddon）在吉布森基础上完善了能量意外释放理论。他们认为，事故是一种不正常的或不希望的能量释放，各种形式的能量是构成伤害的直接原因。因此，应该通过控制能量或控制作为能量达及人体媒介的能量载体来预防事故。

能量在人们生产、生活中是不可缺少的。能量包括机械能、热能、电能、化学能、电离及非电离辐射、声能、生物能等，人们利用各种形式的能量做功以实现预定的目的。人类在利用能量的时候必须采取措施控制能量，使能量能按照既定的意图产生、转换和做功。如果由于某种原因，能量失去了控制造成意外逸出或释放，必然会发生事故：达及人体并超过了人们的承受能力，人体必将受到伤害；作用于设备、建筑物等物体，超过了其抵抗能力，则会造成设备、建筑物等物体损坏。表 2-1 列出了能量及伤害类型。

表 2 - 1   能量及伤害类型

能量类型	伤害类型	事故类型
机械能	撞击、挤压、割伤、刺伤、撕裂、骨折及内部器官损伤等	物体打击、高处坠落、爆炸、冒顶等
电能	电伤害、干扰神经	触电
热能	烧焦、烧伤	烫伤、火灾
化学能	烧伤、致癌、致畸形、遗传突变	中毒、窒息、火灾

（1）机械能。意外释放的机械能是导致人身伤害和财产损伤的主要能量类型。

机械能包括动能和势能。运动着的物体，诸如车辆、设备或其运动部件、被抛掷的物体等具有动能。当这些动能意外释放并作用于人体时，则可能发生车辆伤害、机械伤害、物体打击等事故。位于高处的人体、物体、岩体或结构的一部分相对于低处基准面有较高的势能。当人体势能意外释放时，会发生高处坠落事故；当高处物体、岩体或结构一部分具有的势能意外释放时，则又会发生高处落下的物体打击事故，冒顶片帮、坍塌事故。

（2）电能。发电企业存在广泛的电能，意外释放的电能会造成各类电气事故。如意外释放的电能可能会使电气设备的金属表面带电。当人体与带电导体接触时会发生电击触电事故；电火花会引燃易燃易爆物质而发生爆炸、火灾事故；强烈的电弧会造成电灼伤事故。

（3）热能。人类生产、生活中到处利用热能，利用的历史可以追溯到远古时代。失去控制的热能可能灼伤人体、损坏财物、引发火灾等。火灾事故是最典型的热能意外释放事故。应该注意，在利用机械能、电能、化学能等其他形式能量时也可能产生热能。

（4）化学能。有毒有害的化学物质使人中毒是典型的化学能引起的伤害事故。在众多的化学能物质中，相当多的物质具有可能会导致人身急性、慢性中毒、致病、致畸、致癌等化学能。化学能还可能转变为热能、机械能，如当发生火灾、爆炸事故时。

（5）电离及非电离辐射。辐射会引起辐射伤害。电离辐射主要包括 α 射线、β 射线及中子射线等，非电离辐射主要为 X 射线、γ 射线、紫外线、红外线和宇宙射线等。发电企业检修维护中的电焊、炉膛燃烧等高温热源也会放射出紫外线、红外线等有害辐射损伤人体视觉器官。

麦克法兰特（Mc Fartand）在进一步解释造成人身伤害或财产损失的事故机理时又提出了能量干扰说，认为能量释放的事故也包括有机体与周围环境的正常能量交换受到了干扰。人体自身也是个能量系统。人的新陈代谢过程是一个吸收、转换、消耗能量并与外界进行交换的过程；人进行生产、生活活动时消耗能量。当人体与外界的能量交换受到干扰时，人员将受到伤害，甚至死亡。能量交换受到干扰伤害类型见表 2 - 2。

表 2 - 2 　　　　　　　　　　能量交换受到干扰伤害类型

影响能量交换类型	产生伤害	事故类型
氧气的利用	局部或全身生理伤害	中毒或窒息
其他	局部或全身生理伤害	其他

2. 基于能量观点的事故因果连锁理论

通过调查伤亡事故原因发现，大多数能量意外释放或干扰的引起是由于人的不安全行为或物的不安全状态，即这两者的失控使得能量或危险物质失去了控制，故人的不安全行为和物的不安全状态是能量或危险物质释放的导火索。

美国矿山局的札别塔斯基（Michael Zabetakis）依据能量意外释放理论，建立了能量观点的新事故连锁模型。

（1）事故。事故是能量或危险物质的意外释放，是伤害的直接原因。为防止事故发生，可以通过技术措施来防止能量意外释放，通过教育训练提高职工识别危险的能力，佩戴个人劳动防护用品来避免伤害。

（2）不安全行为和不安全状态。人的不安全行为和物的不安全状态是导致能量意外释放的直接原因，它们是管理缺陷、控制不力、缺乏知识、对存在的危险估计错误或其他个人因素等基本原因的征兆。

（3）基本原因。基本原因包括3个方面的问题：企业领导者的安全政策及决策、个人因素、环境因素。

1）企业领导者的安全政策及决策。包括安全生产目标，岗位设置，信息利用，职责及权限分工，员工配备，教育训练、安排、指导和监督，信息传递、设备、设施及器材的采购和维修，正常和异常操作规程，设备的维护保养等。

2）个人因素。涉及能力、知识、训练、动机、行为、身体及精神状态、反应时间、个人兴趣等。

3）环境因素。包括影响事故发生的环境因素。

3. 能量意外释放的防范措施

哈登认为，在一定条件下某种形式的能量能否产生伤害、造成人员伤亡事故，取决于能量大小、发生频次和接触时间的长短以及能量的集中程度。根据能量意外释放理论，可以利用各种屏障来防止意外能量的转移，从而防止事故发生。在实际生产、生活各项活动中，可以按照能量大小来建立单一的或多种的冗余屏障。防止能量意外释放。人体的"屏障"系统包括以下12种类型。

（1）限制能量。例如，限制压力、温度等参数，限制车辆通行速度，规定安全电压。

（2）替代能量。例如，在火灾爆炸危险场所使用液压和气压驱动代替电动装置，采用钢锯手动切割代替明火气割等。

（3）防止能量蓄积。例如，控制易燃易爆气体、粉尘的浓度，防止其在空气中的含量达到爆炸极限。

（4）控制能量释放。例如，在发电企业中，将不同出线变压器之间用钢筋混凝土墙类加以分割，以便削弱变压器火灾爆炸的影响。

（5）延缓能量释放。例如，采用安全阀、减震装置等。

（6）开辟释放能量的渠道。例如，对电气设备或易积聚电荷的系统采用接地防止触电、爆炸；在煤矿企业实施探放水，防止突水；预先抽放煤体内瓦斯，防止瓦斯积聚爆炸。

（7）在能源上设置屏障。例如，设置在核电企业对核岛设置专门防辐射防御屏障，对转动机械进行专门增设防护罩等。

（8）在人、物与能量之间设置屏障。例如设置防火门、密闭门等。

（9）在人与物之间设置屏障。例如佩戴安全帽、防尘口罩、防护服等。

（10）提高防护标准。例如，采用双重安全绝缘工器具防止电能触电事故，在煤矿或其他易燃易爆场所连续监测和遥控探测等。

（11）改变工艺流程。例如，发电企业利用更先进的集散控制系统代替人工或 PLC 控制，氨法湿法脱硫中利用尿素替代液氨等。

（12）抢修修复或急救。对故障设备系统进行抢修修复，限制灾害范围，防止事态扩大；对人员进行急救，减轻或恢复原有功能，搞好紧急救护，进行自救教育等。

能量意外释放理论从事故物理学角度很好地阐述了事故发生的物理本质，提出了事故的发生第一要素是能量源的存在及其能量意外释放，要想防止事故发生必须控制或屏蔽能量及其载体，这为事故预防及风险控制和研究指明了对象源和过程方法，无意是一种较完善和系统的理论。将事故的发生定义为能量意外释放的观点，尽管在物理学上十分科学和贴切，但面对中国当前社会发展阶段，在各行各业生产现场实践中，面对的各种形形色色一般知识层面的普通作业员工（尤其是电力行业大量参差不齐的劳务用工和外包人员），有时略显晦涩和高深莫测。另外，管理因素对事故的贡献也无法用能量观点来贴切地衡量。

2.1.1.5 两类危险源理论

1995 年，国内东北大学资源——土木工程学院的陈宝智教授在对系统安全理论进行系统研究基础上，根据能量意外释放理论，提出了事故致因的两类危险源理论。该理论认为，一起伤亡事故的发生往往是两类危险源共同作用的结果。第一类危险源是伤亡事故发生的能量主体，是第二类危险源出现的前提，并决定事故后果的严重程度；第二类危险源是第一类危险源造成事故的必要条件，决定事故发生的可能性。两类危险源相互关联、相互依存。

1. 第一类危险源

根据能量意外释放理论，事故是能量或危险物质的意外释放，作用于人体的过量的能量或干扰人体与外界能量交换的危险物质是造成人员伤害的直接原因。于是，把系统中存在的、可能发生意外释放的能量或危险物质称作为第一类危险源。一般情况下，能量被解释为物体做功的本领。做功的本领是无形的，只有在做功时才会显现出来。因此，实际工作中往往把产生能量的能力源或拥有能量的能力载体看做第一类危险源，如氢气、油类等危险物质，带电的导体，转动或行驶的设备等。

2. 第二类危险源

在生产和生活中，为了利用能量，让能量按照人们的意图在系统中流动、转换和做功，必须采取措施约束、限制能量，即必须控制危险源。导致约束、限制能量措施失效或破坏的各种不安全因素称为第二类危险源。两类危险源理论从系统安全的观点来考量能量或危险介质的约束或限制措施破坏的原因，认为第二类危险源包括人、物、环境三个方面的问题，主要包括人的失误、物的故障和环境因素。

根据两类危险源理论，第一类危险源是一些实体，第二类危险源是围绕第一类危险源出现的一些异常现象或状态，即人的不安全行为、物的不安全状态和环境的不良条件。因此，危险源辨识的首要任务是辨识第一类危险源，然后围绕第一类来辨识第二类危险源。两类危险源事故因果连锁模型如图 2-6 所示。

两类危险源理论是当前国内较流行的事故致因理论，其为国内很长一段时间内因缺乏本土化的事故理论而导致风险预控落地效果差、"两张皮"等现象指明了解决方向。但由于其主要是基于能量释放理论上改进提出，故仍然带有能量论的一定局限性。其中，首要任务为辨识第一类实体的物的危险源，这对石油、化工、煤炭等以典型实体的重大危险源为主及核心风险的行业，具有十

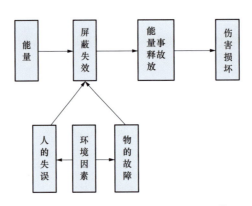

图 2 - 6　两类危险源事故因果连锁模型

分贴切的重要指导意义。而对电力生产企业而言，在日常事故致因中更多的是非实体的人及管理因素；同时，该理论中同样没有涉及管理因素，无法解释管理因素对事故的影响和作用，且用危险源来描述、称谓管理因素有时也略显得勉强和晦涩难懂。

2.1.1.6　轨迹交叉致因理论

随着科学技术的进步以及对事故致因理论的发展完善，人们对人和物两种因素在事故中的作用的认识也发生了深刻的变化。一方面由于在生产技术进步的同时，人们越来越感觉到生产设备、装置及生产条件对事故预防的重要性；同时也随着对人的因素的研究的深入，人们能够越来越清晰地认识人的不安全行为和物的不安全状态的本质与区别。

斯奇巴（R. Skiba）提出，生产操作人员与机械设备两种因素都对事故的发生有重大影响，并且机械设备的不安全状态对事故的发生作用更大，只有当两种因素同时出现时才能发生事故。

约翰逊（W. G. Jonson）也认为，一起伤亡事故的发生，除了人的不安全行为外，一定存在着某种不安全状态，并且不安全状态对事故的作用更大些。

斯奇巴（R. Skiba）和约翰逊（W. G. Jonson）的上述理论被称为轨迹交叉理论。轨迹交叉事故连锁模型见图 2 - 7。轨迹交叉理论的核心观点是在事故发生进程中，人的因素的运动轨迹与物的因素运动轨迹的相交点即是事故发生的空间和时间，即人的不安全行为和物的不安全状态发生于同一空间、同一时间或者说不安全行为和不安全状态相遇，则将在此空间、此时间发生事故。

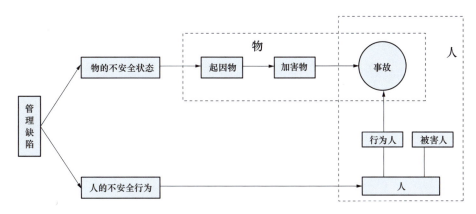

图 2 - 7　轨迹交叉事故连锁模型

轨迹交叉论将事故的发生过程描述为基本原因 → 间接原因 → 直接原因 → 事故 → 伤害。人的因素和物的因素互为结果，有时物的不安全状态诱发了人的不安全行为；反之，人的不安全行为又促进了物的不安全状态发展或者导致新的不安全状态出现。人和物两条轨迹交叉呈现复杂的因果关系。

轨迹交叉理论强调人的因素和物的因素在事故致因中占有十分重要地位，但物的作用与地位更大。按照此理论，人们只要避免人和物两种因素运动轨迹交叉，即可避免人的不安全行为和物的不安全状态同时、同地出现，从而预防事故的发生。在实际生产中，人们应首先考虑实现生产过程，即机械设备、工艺和环境的本质安全，其次要强化教育、加强安全培训、开展员工和管理人员的安全心理咨询，严格执行安全操作规程和标准化作业，防止人因失误。更重要的是采取措施同时消除人的不安全行为和物的不安全状态产生的基本原因，即管理缺陷。轨迹交叉论较系统地阐明了管理、人、物三者之间的逻辑关系及其在事故中各自作用，且提出了物的本质安全防控的重要性，从某种程度上较清晰地展示了事故发生的机理，这为当今事故原因的调查、分析与责任追究提供了较好的思路，体现了现代生产安全管理的系统性和本质安全思想，对现代安全风险预控理论建立具有十分重要意义。

2.1.1.7　系统观点事故致因论

1. 综合原因论

尽管事故致因论很多，但目前大多数安全学者认为（包括海因里希后续也对自己理论进行了改进），事故的发生绝不是单一的因素造成的，既不是单纯设备故障的物的因素也不是偶然的个人失误，而是各个因素综合作用的结果。

综合原因论认为，事故是社会因素、管理因素和生产中危险因素被偶然事件触发所造成的结果。综合原因论的事故模型如图 2 - 8 所示。

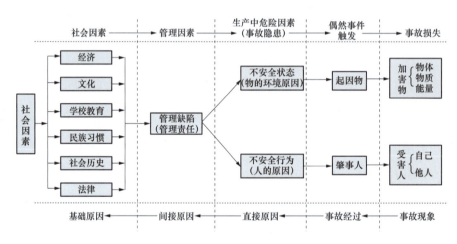

图 2 - 8　综合原因论的事故模型

综合原因论的主要原理是事故是由起因物和肇事人触发加害物作用于受伤害人而形成的灾害现象。偶然事件的触发是由于生产环境中存在的物的不安全状态和人的不安全行为共同造成的，它们构成了事故的直接原因。而直接原因的造成（物质的、环境的以及人的因素）是由于管理上的失误、缺陷和管理责任不到位所导致，是造成事故的间接原因。形成间接原因的因素包括经济、文化、教育、民族习惯、社会历史、法律等基础原因，统称为社会因素。

综合原因论对事故发生的过程描述为由基础原因的"社会因素"产生"管理因素"，进而产生"生产中的危险因素"，通过人与物的偶然因素触发发生伤亡和损失。

综合原因论较系统地阐述了社会、管理、人及物的因素以及事故发生的起因和加害物，尤其是较彻底地分析了管理因素是导致人、物质、环境的三者不安全因素产生的根本原因，对当前落实各级人员管理责任、完善企业各项管理工作具有现实意义，是相对较全面的对事故致因的论述。但它将管理上失误、缺陷和管理责任不到位看成是社会因素引起，无法解释在同样社会环境中为什么有些企业管理好、有些企业管理差的问题；同时，它认为事故的发生是人与物的偶然触发，对某些事故发生具有的一定必然性也缺乏有效解释。

2. 瑞士奶酪模型

1990 年，英国曼彻斯特大学精神医学教授里森（J. Reason）在其心理学专著《Human Error》一书中，提出了新的事故致因链"瑞士奶酪模型"，有时也称为累积的行为效应。该模型认为，在一个组织中事故的发生有 4 个层面的因素（4 片奶酪），即组织影响、不安全的监督、不安全行为的前兆、不安全的操作行为。每一片奶酪代表一层防御体系，每片奶酪上的孔洞即代表防御体系中存在的漏洞或缺陷，这些孔的位置和大小都在不断变化。当每片奶酪上的孔在瞬间排列在一条直线上，形成"事故机会通道"时，危险就会穿过所有防御措施上的孔洞导致事故发生。瑞士奶酪模型示意见图 2 - 9。

里森认为，在一个组织中如果建立多层防御体系，各个层面的防御体系对缺陷或漏洞互相拦截，系统就不会因为单一的不安全行为出现问题。在导致系统出现意外或错误的一系列个人失败中，瑞士奶酪模型包括现行显性失效或潜在失效。显性失效是指与事故有直接联系的不安全行为，就医学而言，潜在失效也被称为寄居在组织体系中的病原体，是指组织体系中隐藏的一些危险因素，与事故发生没有直接关系，直到酿成事故才会被认识到。

瑞士奶酪理论的一经提出，彻底改善了海因里希的事故致因链的缺点，建立了事故原因中个人行为、不安全物态和组织行为之间的关系，且把事故的根本原因归结为事故发生组织的管理行为。在企业安全生产领域，人们多把瑞士

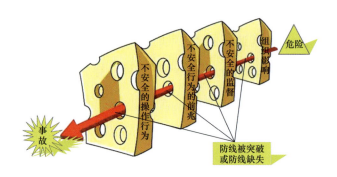

图 2 - 9　瑞士奶酪模型示意

奶酪模型作为分析人员差错和安全事故的理论框架。

本书认为，就发电企业而言，多片奶酪的片层结构可看作企业一系列防止人身伤害、财产损失及环境破坏的屏障防范措施。每个防范屏障上都会有意想不到的失误、缺陷或漏洞，类似于奶酪上的孔，这些孔也代表着"潜在"或"显性"的管理失误（包括高层决策失误）、人的不安全行为、物的不安全状态或工作环境的不良条件，孔的位置和大小都在不断变化，当每片奶酪上的孔碰巧对齐时或屏障缺失或减弱时，风险就会穿过防御屏障导致事故的发生。而瑞士奶酪模型上从危险到事故的箭头意味着导致事故发生的一系列不安全事件。相比于其他人、物、环境等显性的失效，最易觉察不到的、最易被忽视和危险性最大的是潜在的系统性错误，即管理失误。管理的失误往往是从组织的最高层向组织内中下管理层逐次扩散、累积，最终导致管理系统的失效。

2.1.1.8　系统安全理论

20世纪50年代，随着工业社会的发展和技术的不断进步，人类对安全的认识论和方法论逐渐向系统论进展。系统安全理念是人们为解决复杂系统的安全问题而开发、研究出来的安全理念和方法体系。其主要是应用安全系统工程学和系统安全管理学，辨识系统中的复杂甚至细小的差错等风险因素，并采取有效措施使其危险性减到最小，从而使系统在规定的性能、时间和成本范围内达到最佳的安全程度。

系统安全理论从事故致因系统和安全防范系统两个方面展开研究，是较完整的事故防范和风险预控理论体系。事故致因系统（简称事故系统）主要涉及前述提到的四个方面，即人因——人的不安全行为；物因——物的不安全状态；环因——作业场所的不良条件；管因——管理失误或缺失。其中，人、物、环境与事故是"或"的逻辑关系，而管理与事故是"与"的逻辑关系，因为管理对人、物、环境都会产生作用和影响，所以管理因素对事故的影响尤其重要。但说到底管理也是人进行的，故整个系统中人的教育、技能、意识及文化显得十分必要和重要。事故系统要素及逻辑关系见图 2 - 10。

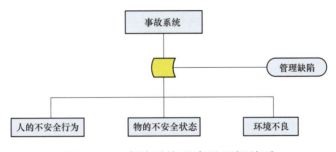

图 2 - 10 事故系统要素及逻辑关系

认识了事故系统，人们就能很好地了解和建立事故发生的机理的综合系统性认识，知道必须从工程技术硬手段和教育、管理等软手段两者相结合，这为事故防范提供了基本的目标和对象。但在现实安全生产中，更重要的目的是从安全系统角度，通过研究安全规律，应用超前的预防方法论来建立安全系统从而实现生产安全，即对安全系统的研究。安全系统相对于事故系统也由四个方面组成（见图 2 - 11），即人——人的安全素质（生理与心理、技术能力、文化素质）；物——设备的安全可靠性（设计安全、制造安全、使用安全、维护安全）；环境——决定安全的自然、人工环境因素及状态；信息——充分可靠的安全信息流是安全的基础保障（管理效能的充分发挥）。

从对事故系统和安全系统的分析中，人们了解到：人、物、环三者因素具有三重特性，即首先都是安全的保护对象，其次又是事故的因素，同时还是安

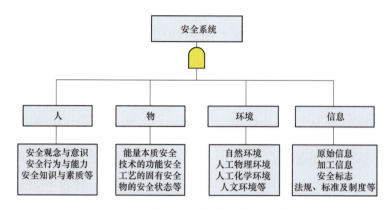

图 2 - 11　安全系统要素及逻辑关系

全的因素。对人、物、环三者仅仅认识到只是事故因素是远远不够的，比如发生事故后想到的是人的不安全行为、物的不安全状态、环境的不良条件，但从安全因素的角度，更应认识和挖掘为什么会发生，如何让它不发生，如何激励、自律，变"要他安全"为"我要安全"。显然，在事故系统基础上，重视对安全系统和因素的研究比单一的事故系统更高明和治本。

2.1.2　生产实践启示

2.1.2.1　事故调查与分析

事故的原因分为直接原因和间接原因。直接原因是指直接导致事故发生的原因，又称为一次原因；间接原因是指导致直接原因产生或使之其得以潜在或存在的原因。

1. 直接原因

大多数的学者认为，事故得以发生的直接原因只有两个，即物的不安全状态和人的不安全行为。为事故调查和统计方便，我国已在 GB 6441《企业职工伤亡事故分类》对人的不安全行为和物的不安全状态作了详细的分类和描述。

有时当事故发生时只有物的原因或人的原因时，人们较容易判断，但当同时存在时，判断到底哪个是直接原因时较难，这时主要看到底哪个起到了主要作用。

2. 间接原因

事故的间接原因即系统原因，统称为管理原因。间接原因是导致直接原因的因素。在生产实践中，从已经确定的直接原因去追踪导致这些原因的管理失误或缺陷，就更能找准事故发生的根源及本质。

日本学者北川彻三认为，最经常出现的间接原因有技术原因、教育培训原因及管理原因三种；我国相关标准中规定的间接原因包括技术和设计上缺陷、教育培训不足、劳动组织不合理、现场检查或指导错误、规程制度不健全、没有或不认真实施事故防范措施、对事故隐患整改不力等。但不管如何，都逃不出管理的范畴，即物的管理、人的管理、作业程序、工艺、规程、技术、制度管控及安全环保监察、检查和反措等管理。

多年的事故调查、分析实践启示，从物、人的事故直接原因和管理的间接原因着手，既有利于找准事故根源，又有利于对事故本质原因的分析，这无论是对事后的事故防范、反措落实及当事人受教育和责任的追究落实，还是对最终确保事故不发生和不重复发生，都具有十分重要的现实意义和作用。

2.1.2.2　危险和有害因素控制

随着风险预控理念及职业健康安全管理体系建设的深入，国家对生产危险有害因素的辨识越来越重视，20 世纪 90 年代开始，逐渐对有关危险源、危险有害因素进行定义、分类。GB/T 13861—2009《生产过程危险和有害因素分类与代码》中，我国将生产现场的危险和有害因素分为四大类，即人的因素、物的因素、环境的因素和管理的因素。

（1）人的因素。包括心理、生理性危险、有害因素和行为性危险、有害因素及其他。

（2）物的因素。包括物理性危险、有害因素，化学性危险、有害因素，生物性危险、有害因素及其他。

（3）环境的因素。包括室内作业场所环境不良，室外作业场所环境不良，地下（含水下）作业环境不良及其他综合性作业环境不良。

（4）管理的因素。包括组织机构不健全、责任制不落实、规章制度不完善、安全环保投入不足、管理执行欠缺等。

2.1.2.3　现场教育与培训

无论是在事故系统还是安全系统中，人是企业安全生产始终绕不开的对象和主体，发电企业现场安全环保良好局面的保持和提升，有赖于全体人员尤其是一线作业人员的安全素质及安全技能的高低。就安全教育与培训而言，基层企业日常面临的是对一线员工大量的现场教育与培训。

目前，国内较流行的安全理论是以"能量意外释放论"为主，在解释事故发生机理时，多从物理学本质现象来解释，在现场也要求多从能量源的辨识来开展各项交底和教育培训。"能量"的概念具有一定抽象性，对其的理解，需要一定的物理学知识，包括动能、势能、化学能、热能的能量学概念。例如，作业人员站在脚手架上作业具有一定"势能"；抡大锤时大锤会具有"动能"；运动的设备、部件也具有"动能"；危险化学物质具有"化学能"；高温及动火时具有一定"热能"等。

而实际生产实践中，一方面，企业自身一般员工并不像少数专业安全人士那样具有一定的风险预控专业知识和理论水平。另一方面，随着市场经济的成熟和发展、企业改革的深入，许多基层企业（尤其是新建电厂）已不再配备充足的自我检修甚至维护和运行人员，一律有公开的平台进行选择。其面临的典型特点是外包人员流动性大、新手众多、整体素质参差不齐，更为主要的是这些人员的安全专业知识极其匮乏，更谈不上具有一定的物理学知识或"能量"概念。

在实践中时常面临的问题是当人们用"能量"的理论或概念进行安全环保教育培训时，由于大多数外包员工缺乏物理学基础知识，一时无法理解事故意外释放的能量致因。例如，当进行现场高处作业风险意识教育时，一些外包人员一时无法对人站在高处为什么会具有"势能"无法理解，不知道"势能"是何物，也看不见、碰不到；但当人们换一种说法，用"人的不安全行为"或"物的不安全状态"来展示事故致因时，比如，人在高处作业时，"不系安全带"是人的不安全行为、脚手架栏杆设置不牢靠或无栏杆等是物的不安全状态，这些都是事故发生的根源时，反而容易理解和掌握。同样，从对应的角度也就很自然地知道了该怎么管控和防范。故从生产实践的角度来看，在绝大多数领域，事故致因及风险中人、物的不安全行为或状态概念相比能量概念更适合于当前电力生产的安全环保生产现场管理实际。

2.1.3 现有安全理论及模式面临的挑战

安全理论是安全生产及安全活动必须遵循的基本规律和原则，是基于经验或理论归纳得出的安全生产发展变化的客观规律，也是人类安全活动的基本法则或方法论。事故致因及其安全理论为安全科学的发展和安全活动提供理论和方向引导，对安全生产工作实践提供了指导作用。既解释了生产活动中的事故致因，又可用于概括事故规律，指导预防事故发生，同时又确保人身健康与安全。但综上所述现有理论仍存在以下问题：

（1）事故致因理论是从大量典型事故的本质原因分析中提炼出的事故机理和事故模型。这些机理和模型反映了某类事故发生的规律性，能够为事故原因的定性、定量分析，为事故的预测预防，改进安全管理工作等，从理论上提供科学的依据。但事故致因理论的研究范围受到限制，故其发展缓慢。

（2）现有安全理论主要着重于从人的特点与机器性能和环境状态之间是否匹配和协调的观点出发，得到的事故原因和逻辑均比较清楚，应用也比较简单。认为只要严格控制以上三者之间的关系和逻辑，做出正确决策并采取行动，就能避免事故和人员伤亡；反之，则会发生事故和人员伤亡。但现有理论在对人的教育、安全文化建议，尤其是管理缺失或失误等方面的研究很少。

（3）从系统化观点来分析事故致因的理论研究深入不足，大家都各侧重于某一方面，系统性研究发展还很不完善，还未能系统地给出对于事故调查分析和预测预防方面的普遍和有效的方法。

（4）应用系统论事故致因模型分析事故，分析原因虽然全面，但事故原因和原因发展的逻辑路线众多，在事故预防过程中协调难度大，实际应用比较困难。

（5）只是单一的从逆向研究事故防范，对于已经发生的已知事故的致因是可以分析清楚了，但对于未发生的未知事故的具体原因人们仍然未知。

（6）我国的安全科技工作者比较注重直接借鉴和推广国外的相关理论成果，而对符合我国国情的事故致因理论层面的研究或本土化相对匮乏。就电力行业而言，至今尚未有较系统地开展电力自身事故致因及风险预控方面的研究，电力安全环保风险管控的理论发展基础不足。

2.2 4M 风险屏障系统模型

2.2.1 模型的构造及其构成要素

已有事故致因及风险预控模型都是在一定的历史时段，在特定的环境和特定的假设条件下提出的，不同的模型具有不同的事故致因侧重点（物、人、环境、能量、文化、管理和系统等因素中一个或多个方面）。最近也有学者从资源、大数据及信息学的角度提出了基于信息的事故致因及风险预控理论，认为事故致因的本质是安全信息的获取分析和利用的失效。实际上，资源、文化、大数据还是信息等因素不管如何，从广义上来看，都逃不出管理的范畴。从信息论角度讲，无论是个人还是整个企业的安全管理行为活动过程就是安全信息的流动过程，信息从某种意义上就是管理的一种外在形式表征；而"能量"实际上也属于物或人的范围，因此事故致因和风险预控对象归根结底是物、人、环、管四个方面因素。但随着社会的发展及生产技术系统动态复杂程度的提高，事故致因及其风险预控已经不能认为仅仅局限于物、人、环、管的简单概

36

念组成，而是一个复杂的相互影响的系统工程；从横向关联来看是集物、人、环、管四个要素组成，从纵向深度来看每个要素都集合着企业领导因素、自组织因素、个体因素三个层面。其中，各个因素的内涵也在不断扩大和发展，尤其是在管理方面随着信息技术的发展，新的手段、载体的应用也层出不穷。另外，任何事物都是矛盾的统一体，物、人、环、管既是事故风险因素也是安全屏障因素，物、人、环、管各个因素具有矛盾的统一属性，人们必须从逆向事故致因和正向风险预控两个方面同时进行理论体系的建设。

本书中的 4M 风险屏障系统理论就是在结合国内外现有事故致因理论及系统安全理论基础上，综合上述原理发展而构建的综合型风险预控体系理论，其核心就是物、人、环、管四大风险因素及其控制屏障要素。4M 风险屏障理论结构模型简图如图 2-12 所示。

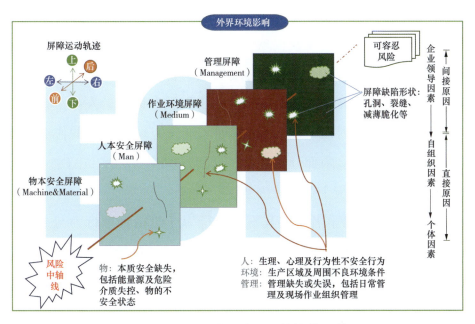

图 2-12　4M 风险屏障理论结构模型简图

（1）物本安全屏障（Machine & Material）。即设备设施本质安全屏障，对应物的不安全状态及其风险控制，包括物本身的能量源或危险介质。事故预防的首要任务即是控制这些物的不安全状态，包括直接消除、替代那些具有高度危险能量或危险介质的设备、设施，确保这些设备或设施处于本质安全状态。

（2）人本安全行为屏障（Man）。即防人因失误屏障，对应人的不安全行为及其风险控制。事故的发生80%以上有人的不安全行为造成（也有学者对国内事故统计研究后认为，我国人为因素占到90%以上），认为在进行物的屏障控制同时，必须把防人因失误作为主要日常风险预控工作对象。行为屏障主要通过专项培训、实行作业标准化、团队配合、吸取他人经验与教训、总结个人事务等系列活动，来不断改善人员的能力与意识。

（3）作业环境屏障（Medium）。即工作客观环境条件屏障，对应生产现场作业环境与企业人文环境的不良条件风险控制。外部客观环境是影响和导致事故发生的外在因素之一，在确保物的安全及自身行为安全基础上，企业应积极提供良好的安全、环保、健康作业环境条件，防范各类作业环境风险。

（4）管理屏障（Management）。即组织与管理机制屏障，对应管理缺失或失误风险控制。在所有事故因素贡献中，最易觉察不到的、危险最大的是潜在的系统性组织错误，即人的管理缺失或失误。管理的问题会系统性导致人、物、环境屏障孤立的、局部的或整体失控，从而触发事故的发生，这往往是事故发生的深层次根源和内在"动力"。管理风险分为现场具体的作业组织管理风险与企业日常管理风险两部分。

（5）个体、自组织与企业领导因素。

1）个体是指直接肇事者。即其不安全行为（包括管理行为与人的不安全行为）直接导致企业组织内发生事故的组织成员。需要指出的是，直接肇事者一般是个人，但有时也会是由若干个体构成的一个组织整体（如若干人共同合作发出某一不安全行为），此时，不妨也把这一组合群体看作一个独立个体。

2）自组织。是指发生事故的直接主体组织或直接涉事组织，一般往往是一个工作票成员组织、项目组织或班组。有时，从企业层面来看也可是部门，从上级公司来看时，又可指发生事故的基层企业组织。

3）企业领导因素。是相对于直接涉事组织而言的，是指间接涉事组织，一般是指企业领导组织层，包括企业领导及生产和安全环保监督管理职能部门。在该模型中，基层企业内部的个体、自组织与企业领导因素分别构成对物、人、环、管四个屏障影响的三个层面。

（6）外部环境影响。对基层企业而言，地方政府、中介机构及上级公司或单位也时刻对其屏障有着影响，有时甚至是决定性。比如上级对安全环保资金的投入、政策的决策及各类监督检查、督导的导向等。

需要更进一步指出的是，实际上整个 4M 风险屏障系统组织构成的运作组成形态远远比这复杂得多，其纵向、横向各因素之间存在众多交互交叉影响。正像一些学者在进行安全系统的研究中提出的安全系统具有非线性那样，整个 4M 屏障系统也具有非线性。从数学和物理学理论来看，屏障系统普遍存在着对各屏障运动状态初始值极为敏感、貌似随机的不可测的运动状态——混沌运动，其数学结构模型可以用由四个控制参数决定的函数熵关系表示并符合拓扑学蝴蝶突变效应，即 $S_{熵} = f(\mu, \upsilon, \omega, \kappa)$。其中，$\mu$（物的因素）、$\upsilon$（人的因素）、$\omega$（环境的因素）、$\kappa$（管理因素）。有关 4M 屏障理论的基本内涵数学模型解析将另行讨论描述，本书主要从定性角度描述其主要原理。

2.2.2 模型的系统特征分析

整个 4M 屏障系统由于具有混沌属性，故其具有非线性、有界性、标度性、分维性等特征，同时又具有复杂性、自组织特性、确定的随机性、突变性等基本特征。但可进一步明确的是 4M 风险屏障系统的三大特征。

1. 协同作用

4M 风险屏障系统是人员、设备、环境和管理协同作用下的复杂高维系统，但在局部，其局部的事故系统也可通过各种致因因素协同作用从而导致事故的发生。比如，人的恶性违章行为，可以直接跨越规章或物的防护屏障等直接导致事故的产生；另外，物、人、环、管尽管有时从单个来讲管控水平不十分突出，但通过互相的协同，其整体仍然可以维持在较高的风险管控水平，从而遏制各类事故的发生。

2. 耗散结构特征

从物理力学和热学角度来讲，4M 风险屏障系统也是一个以耗散结构形式存在的动态开放系统。系统与外界发生物质、能量、信息的交换，从外界引入负熵流来抵消自身内部熵流的增加，当外界负熵流到达一定程度，系统熵流减少，形成一定有序化。例如，上级公司的安全环保督察可以促进基层企业安全环保管理的有序化；同样，企业或部门通过检查、监督可以促进部门或班组作业风险等管控有序化。

3. 渐变 – 突变规律

4M 风险屏障系统是非线性系统，其自组织现象是渐变至突变过程产生的。原始平衡状态系统中存在涨落，这些涨落按人的价值观可以分为有益的涨落（安全环保的）和有害的涨落（危险的或非环保的）。随机的涨落在系统远离平衡时（比如屏障远离本该控制的风险中轴线或存在漏洞），通过外界能量流的输入导致平衡态系统处于不稳定的临界状态，此时某种涨落如被放大为巨涨落，从而使不稳定的原始系统状态突变跃为新的稳定状态，即发生事故状态。

2.3 屏障核心理念与机理

2.3.1 4M 屏障的核心理念

按照 4M 屏障理论模型体系，物的因素、人的因素、作业环境因素、管理因素 4 个因素构成了事故发生的最基本四大类根源及风险屏障（如图 2 - 13、图 2 - 14 所示），且其在事故的发生和控制过程中分别起着不同的作用和贡献。作者在多年的实践中，充分研究、分析了国际、国内当前各项先进事故致因及安全管理理论体系，通过准确把握事故致因及发展规律，将事故致因与风险评估有效结合，并采用逆向事故致因和正向系统安全相结合方法，基于国内发电企业生产客观规律，最终形成了指导实践的"4M 风险屏障系统"核心理念。即"在安全生产过程中，风险无处不在，但只要减少或消除 4M 屏障的漏洞、缺失、减弱等缺陷；同时，通过各道屏障有机结合、系统防范，就可有效阻断风险穿透路径或降低风险，从而避免事故的发生"。

图 2 - 13　4M 屏障理论·正向思维—屏障示例

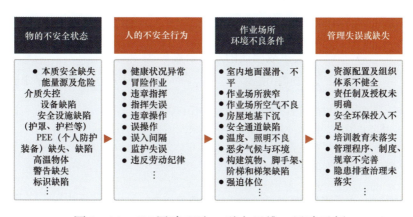

图 2 - 14　4M 屏障理论·逆向思维—风险示例

2.3.2　4M 屏障防控机理的解析

人们对事故致因和风险防范的探讨，概况而言，一般是从两个角度，即宏观角度（系统社会学角度）和微观角度（安全管理科学或行为科学角度）。本书认为，两种剖析事故致因的角度各有利弊，但从发电企业而言一般是无法改变某一社会背景，故最佳的方法是只能在某一社会背景下，不断探求最佳的企业自身事故防控路径。4M 风险屏障系统理论正是以管理科学与行为科学知识为基础，根据企业系统安全行为链和逻辑学理论，构造的新的事故致因与风险防控理论。

1. 事故原因的构成

在 4M 风险屏障系统中，人和物是屏障的两大主要主体，也是事故发生的直接原因。但同时也应看到，环境条件不良和管理的引导及控制不力对事故及事故原因产生的影响。故人们在进行事故调查和原因分析时，应寻找事故预防的最佳"窗口"，分清事故原因的层次和主次，即理清事故的直接原因、间接原因与根本原因。

基于行业内目前还尚未具体明确给出各类事故原因的具体定义，综上所述，本书根据 4M 风险屏障系统模型中各因素致因事故逻辑关系及与事故发生的紧密性与主次差异性，给出了事故原因的对应定义及其致因链，以正确引导事故原因的调查与分析，具体如表 2 - 3 和图 2 - 15 所示。

表 2 - 3　　　　　　　　　各类事故原因的定义及在模型中定位

原因分类	原因的定义	模型中的定位
直接原因	与事故的发生有直接关系，不经过任何中间环节和因素，直接导致事故发生的事故致因因素。目前，学术界普遍认为的是人的不安全行为或物的不安全状态	在事故发生时，位于事故致因主链最末端的失效屏障因素
间接原因	通过第二者及以上因素或环节引发事故的事故致因因素。一般而言，包括非直接的各个内部屏障及外部的管控缺陷	在事故发生时，位于事故致因主链中间部分，对事故的发生起关键衔接作用的失效屏障因素
根本原因	在所有直接和间接事故致因原因中，起最终决定作用并影响事故致因主链形成的关键节点，且带有一定必然性的事故致因因素。换言之，肯定是所有事故致因中的原因之一	在事故发生时，位于事故致因主链中首端的共性失效屏障因素

注　任何反措（纠正和预防措施）只有针对根本原因，才能真正防止事故的发生和再次发生。

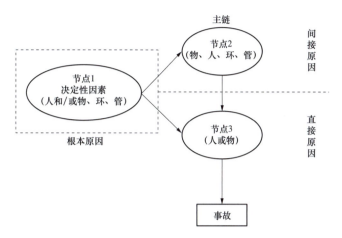

图 2 - 15   4M 风险屏障系统事故致因链

2. 屏障防控的轨迹

物理空间位置的随时变化，是自然界中最简单、最基本的运动形态。在 4M 风险屏障系统中，屏障也并不是单一的如图 2 - 12 所示，图 2 - 12 所示的仅是基于本质安全角度出发的屏障理想排序。

在此排序中，首先是应该做好"物本"安全屏障工作，这是任何安全风险及事故防范中最基础、最基本的工作，也是任何本质安全工作的前提条件；其次是"人本"安全屏障工作，这是日常工作对象中最活跃、最难预料内容之一，但也是绝大多数事故的根源；再次是对人员或设备系统安全构成外部影响的作业场所环境条件安全，包括现场区域环境安全屏障和日常人文环境安全屏障；最后是与前述所有屏障都有关联的，能起到统一组织、协调和引导等综合作用的组织管理及机制，即管理系统安全屏障。

在前述中，已给出了四个屏障围绕着风险中轴线上下、左右及前后的移动三种轨迹，不管位置如何变化，在防范得当时屏障会始终围绕着风险的中轴线运动；反之，一旦离开中轴线则意味着屏障的缺失。在屏障防控的机制中，屏障的前后顺序也不一定是如图 2 - 12 所示按物、人、环、管一成不变地排序，根据具体客观条件，有时是管理的因素排在第一位，有时人的因素排在第一位，有时环境的因素排在第一位等；同时，每一屏障本身对其他屏障也会产生正面或负面影响，从而影响其他或整体的屏障效应。

总之，屏障对事故的防范，不是简单的状态，是一种综合的、系统的复杂合成作用状态。屏障失效导致事故的发生阶段既是渐进的，也是突变的，是相对较为复杂的多曲线进程，但其主要进程历经始稳态期、潜伏渐变期、一次突变期、二次突变期、终止期五个历程。具体屏障的防控机理阶段性变化规律可用函数熵 S_t 解释，其函数熵的变化曲线如图 2 - 16 所示。

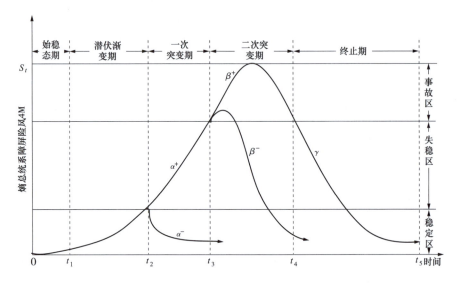

图 2 - 16　屏障防控机理阶段性变化规律熵变示意

1）始稳态期（0 ~ t_1）。在时间 0 ~ t_1 期间，4M 风险屏障系统总熵 S_t 处于 0，系统处于有序和无序的稳定平衡状态，即此时屏障处于对风险穿透的阻断或良好过滤状态，组织整体剩余风险为可容忍状态，这是最理想的事故预防和风险防控状态。但随着风险与屏障两者之间的相互作用与转化，以及物、人、环、管要素的改变或外界环境的变化，这种临界状态将发生改变。

2）潜伏渐变期（t_1 ~ t_2）。由于设备设施及区域环境缺陷、人员的不安全行为及管理失误或缺失等危险因素一直潜在，事故的各种风险不断累积，4M 风险屏障系统的无序效应逐渐大于有序效应，总熵 S_t 不断上升，系统发生渐变逐渐走向失稳。这时存在两种情况：

a. 及时发现了风险的递增及各类不安全因素累积，并采取管理措施或技术措施消除或控制物、人、环、管屏障中的缺陷或缺失，使系统恢复正常状态，则此时总熵 S_t 将恢复平衡状态，再次进入稳定区，如图 2-16 中的 α^- 曲线所示。

b. 没有及时发现事故演变的趋势，或发现了未采取措施以及措施不当或失效，则此时系统继续向着突变状态演变，系统总熵继续递增增大，逐渐进入失稳区，也即事故爆发前期的突变阶段，如图 2-16 中 α^+ 曲线所示。

3）一次突变期（$t_2 \sim t_3$）。由于 4M 风险屏障系统继续失效，穿透风险越来越多，系统总熵 S_t 迅速增大，事故由可能转变成了现实，终于导致事故的发生。此时也会有两种情况存在：

a. 由于正确采取事故应急措施，系统的有序效应大于无序效应，事故得到控制，系统总熵将重新趋于 0，屏障系统恢复平衡状态，如图 2-16 中 β^- 曲线所示。

b. 如果没有采取事故应急措施或采取措施不当，屏障系统继续失效，则系统总熵将继续扩大，将进入二次突变期，如图 2-16 中 β^+ 曲线所示。

4）二次突变期（$t_3 \sim t_4$）。系统进入二次突变期，其总熵 S_t 继续扩大，屏障系统彻底破坏，此时，次生、衍生事故相继发生，事故损失和危害逐渐扩大。二次突变期的时间长短、程度轻重取决于发生事故本身的严重程度和事故处理的有效性。若事故得到有效控制和应急救援，二次突变期将很快结束，如图 2-16 中 γ 曲线所示；反之，则会不断蔓延。

5）终止期（$t_4 \sim t_5$）。系统由于事故应急得力使得各屏障系统恢复正常，其总熵 S_t 重新趋于 0，也或可能因为物质、能量的释放耗尽而总熵 S_t 自行趋于 0，事故链终止。事故的终止期长短同样取决于事故本身的严重或复杂程度及人为对恢复屏障的干预力度。

2.4 事故致因的三种模式

概述上述原理，4M 风险屏障系统失效导致事故发生具有以下三种模式。

2.4.1 奶酪模式

1. 奶酪模式

在正常情况下，物、人、环、管四个屏障防御体系对缺陷或漏洞互相拦截，系统不会因为单一的不安全行为出现问题。但当每个屏障中存在潜在或显性缺陷，诸如人员的违章行为、机械设备防护缺失、环境中存在高温高压能量危险源或组织管理不到位等，就像里森所言，这些缺陷就相当于奶酪似的，在屏障中形成了易导致风险穿透的孔洞。在某个时间、空间，当这些孔洞构成一个风险穿透通道时，风险就会毫无保留地同时直接穿过各个屏障，从而导致事故的发生。4M 风险屏障系统事故致因的奶酪模式如图 2 - 17 所示。

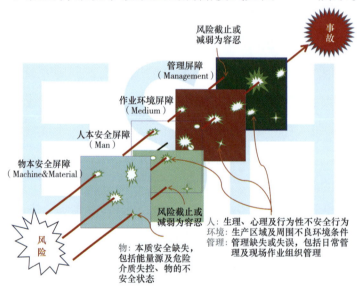

图 2 - 17 4M 风险屏障系统事故致因的奶酪模式

2. 典型案例

2006 年某月，某发电企业在雨天进行龙门吊电缆铺设，因使用从工具室借出的一绝缘破损的不合格手持电钻，作业人员使用前又未按规定进行安全检查，发生一起人员触电事故，触电后又抢救不及时，最终导致作业人员因抢救无效而死亡的事故。

（1）事故概况。2006 年某年某月，某企业起重工作班成员洪某某、王某某、张某某、孙某 4 人在循环水泵房户外铺设龙门吊小车电缆线。

铺设一段后，天下雨，4 人一起在大梁下避雨，雨停后 4 人先安装电缆拖铃，然后再铺设电缆。

电缆线铺设工作结束后，准备对拖铃电缆槽钻 4 个小孔进行固定。

王某某与孙某从大梁上下来，王某某去工具室借电钻，孙某在龙门吊下面用绳子把接线盘吊上大梁，王某某再去把电源线接在就地检修电源柜内。在大梁上的洪某某和张某某用绳子吊上电钻，试钻时发现电钻不转，要求地面人员更换电钻。更换电钻后王某某、孙某在下面等着送电，张某某指挥孙某送电，洪某某拿着电钻开始钻眼。

此时，张某某突然发现洪某某浑身颤抖，立即拔下电源线，过去观察发现洪某某手里拿着电钻身体已不动了。张某某马上用手机通知班长窦某说洪某某触电了。窦某和王某某立即从龙门吊扶梯上来，并马上对洪某某采取胸外挤压措施急救，但没有反应。窦某立即背着洪某某，并派车将其送当地医院抢救，经抢救无效死亡。

（2）屏障失效分析。在此起事故中，经最后调查、分析，发现存在以下问题：

1）电钻存在电气绝缘破损，检修电源存在漏电保安器失灵。——物的不安全状态（物的屏障漏洞）

2）作业人员王某某及使用者洪某某都没有按规定在使用前进行电钻和漏电保安器安全检查和试验。——存在人的不安全行为（人的屏障漏洞）

3）天下雨，环境潮湿有增加了破损电钻漏电触电的风险。—存在作业环境的不良条件（环境屏障漏洞）

4）破损的电钻仍然能从工具室借出，以及检修电源漏电保安器失灵，说明日常工器具管理不到位。——存在管理的缺失（管理屏障漏洞）

5）在触电事故发生后，张某某没有及时进行心肺复苏急救，坐等班长窦某上来，窦某上来开始急救后又停止了就地连续急救，直到 120 救护车到来，

错失了触电黄金急救时间，也说明平常对人员急救等事故应急技能培训的欠缺。——存在技术培训缺失（管理屏障漏洞）

在这起事故原因中，每一项似乎都是细小的不足，但前述的物、人、环、管屏障中的漏洞，在这个雨天、在这个时间、在这个龙门吊作业现场却巧碰在了一起，形成了事故风险的穿透通道，最终导致了这起人身触电事故。

如果，工具室严格管理，从工具室借出的电钻绝缘没有任何问题；如果，漏电保安器动作正确；如果，洪某某使用前检查一下电站绝缘，发现破损不再使用；如果，碰到天气下雨在潮湿环境中按规定使用绝缘手套；如果……，哪怕只要有一条做到位，事故风险穿透通道将不会完整形成，那么就可阻止和避免这起事故的发生。

2.4.2 系统扰动模式

1. 系统扰动模式

在物、人、环、管四个屏障中，管理屏障的作用往往是隐藏在背后或最深处，而物、人、环三者屏障因素的有机结合或作用发挥，都是通过管理组织与协调来穿针引线联系在一起，管理对物、人、环三者因素具有明显的决定性和影响力，是促成事故、事故成因、事故多发的内在"动力"。

要想设备、设施及其系统等物不发生不安全状态，就得从其设计、选型、采购、安装、调试、运行、维护、检修、报废等全寿命周期管理节点进行全方位控制，严把质量关。

同样，要使人不发生不安全行为，就得从人员的选拔、任用，意识教育，技能培训，监督指导，责任分工，岗位设置等各方面来协调、统筹。

而就作业环境而言：

（1）在生产现场区域的环境实际上分为动态和静态两个方面，动态主要是指现场各类作业时发生变化、变更的临时空间环境，这需要加强作业的标准化管理来实现协调各项风险；静态的环境实际上就是众多设备、系统、设施及构

（建）筑物的空间构成和协调，这也就属于设备管理范畴。

（2）在另一个软性的人文环境上，大环境包括一个组织的宗旨、方针、制度、用人导向及安全环保文化等；小环境包括一个班组、一个作业班组成员之间的良好的人际关系及氛围等，这些也都是管理的范畴。

可见，任何领域管理的不到位或缺失都将会对物、人、环三者屏障产生影响，最终对其各自屏障作用或整体产生干扰。正向的，可以使屏障越来越强；反之，会使屏障减弱或缺失。

综上所述，当管理屏障自身存在问题时，同时会引起相关管理对象屏障的缺陷或缺失，最终使该屏障失去对风险屏蔽和过滤作用，引起系统总体风险程度陡增。当管理存在系统性问题时，往往会导致物、人、环三者同时发生问题，引起系统的较大扰动。比如，引起人本屏障缺失、物本屏障减弱甚至破坏、环境屏障漏洞陡增等，此时，较小强度的风险即可轻易贯穿屏障，导致事故发生。4M 风险屏障系统事故致因的扰动模式如图 2-18 所示。

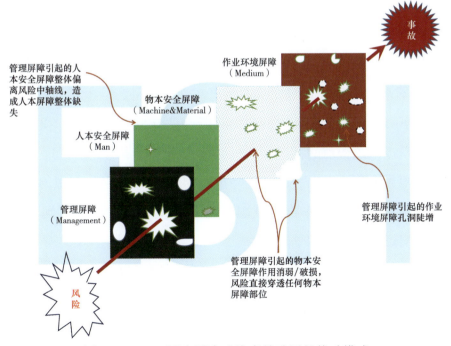

图 2-18　4M 风险屏障系统事故致因的扰动模式

2. 典型案例

> 2009 年 6 月 10 日，某发电公司发生一起因运行人员在进行厂用电 6kV 化学水段运行方式倒换作业中，无票操作，操作中又不认真核对设备状态，不认真进行检查和记录，带接地刀合刀闸，造成短路放炮，一人电弧烧伤的电气误操作事故。

（1）事故概况。事故前，某发电公司 1 号机组备用，2 号机组运行，有功负荷为 300MW。厂用电公用 6kV 母线 A、B 两段均由 2 号机组高压公用变压器带，母联开关合入；化学水 6kV 的 A、B 两条母线均由公用 6kV 的 B 段带，母联开关合入；公用 6kV 的 A 段至化学水 A 段的电源开关断开，开关下口接地开关在合入位置，公用 6kV 的 A 段至化学水 6kV 的 A 段母线的进线隔离开关在断开位置，隔离开关小车拉至间隔外。

19：40，当值值长根据发电部安排，决定恢复化学水 6kV 的 A 段为正常运行方式，于是下令给 1 号机组长高某、副值应某，要求两人进行以上工作。

高某接令在计算机中调取标准操作票，未找到。与值长汇报后，带着化学水 6kV 系统图前往现场操作。高某、应某两人到公用 6kV 配电间检查公用 6kV 的 A 段至化学水 6kV 的 A 段的工作电源开关在间隔外，从电源柜后面用手电筒窥视该开关下口接地开关的位置，认为在断开位（实际在合位，操作人和监护人均未检查发现电源柜前的接地开关机械位置指示器指示在合位）。

随后，两人来到化学水配电间，经过对 6kV 的 A 段工作电源刀闸车外观检查无误后，高某将改刀闸车推入试验位置，关上柜门，手摇刀闸车至工作位置，致使刀闸短路放炮。

事故造成厂前区变压器、输煤变压器、卸煤变压器、除尘变压器低压开关跳闸，化学水 6kV 的 A 段进线刀闸因弧光短路，开关柜损坏，观察孔玻璃破碎，风扇弹出。操作人员高某面部、右手和大臂及背部电弧烧伤，烧伤面积 28%，其中 3 度烧伤约 10%。

（2）屏障失效分析。在此起事故中，经最后调查、分析，发现该发电公司长期存在的类似的违章问题，对集团及上级分子公司有关"两票"三令五申的要求，对以往事故的教训，在该公司得不到贯彻落实，具体存在以下问题：

1）2005 年年底，上级公司检查组就指出了该公司无票作业问题，2006 年初上级公司的春季专项检查组也再次明确提出了该公司存在的无票作业问题，虽然该公司的整改计划中，落实了责任部门、责任人，但没有提出任何整改措施；查阅该公司 2006 年 5 月份两票显示，该公司在为检修开具工作票中，有47% 的工作票需要电气操作但没有按规定使用电气操作票。就在事故前不到一个月的 5 月 12 日，该公司还发生了一起因运行人员误操作而导致的 1 号海水淡化装置高压泵损坏事故。这次操作需要将相应断路器的"远/近"控制切换手闸由"远方"切至"就地"，但运行人员没有开操作票，仅凭设备一览表作为操作依据。事后，该公司没有严格按照"四不放过"（事故原因分析不清不放过、事故责任者和员工未受到应有教育不放过、事故防范措施未落实不放过、事故责任人未受到处理不放过）原则，没有认真吸取事故教训采取果断措施。——公司管理层不到位（公司层屏障缺失）

2）发电部对"两票"长期疏于管理，整治不力，该部门无票作业现象长期存在；且运行规程不细、运行操作规范不具体，运行方式界定不清、要求不明确，运行指挥系统不畅通。——部门管理不到位（组织层管理屏障缺失）

3）当值值长作为现场直接组织、领导者，不执行操作票制度，使无票作业得以实施。操作人员不执行操作票制度，无票作业，操作中对设备状态检查确认不认真，操作顺序错误，是导致本身事故的直接原因；——人的不安全行为（管理屏障缺失引发个体层人本安全屏障缺失）

4）5 月 16 日结束该设备电气一种票时，当值人员严重不负责任，在没有拆除、恢复该工作票全部要求的接地装置的情况下，擅自办理结票手续，且又不按规定在运行日志上进行详细记录，给厂用电系统的恢复埋下隐患。——人的不安全行为（管理屏障缺失引发个体人本安全屏障漏洞）

5）设备部门忽视设备本质安全工作，对设备、系统修后的安全质量验收把关不严，致使化学水 A 段电源进线开关接地开关长时间合入，厂用电系统较长时间处于非正常运行方式没有及时整治。——设备本质安全出现缺陷（管理屏障缺失引发公司及组织层物本安全屏障漏洞、破损）

6）安全监督部门对长期无票操作及类似事故中暴露的重大安全问题整改监督检查不力，"四不放过"流于形式。——公司监督层管理缺失（公司层屏障缺失）

从这起事故的剖析来看，虽然直接原因是人的不安全行为，但事故的根本原因却是管理因素。正是管理屏障的诸多不足、疏忽和不作为导致了人的无票操作等不安全行为发生，导致了设备存在诸多缺陷的不安全状态存在；而管理领导层长期对违章行为的不重视、不追究、不监督，也养成了随意操作的习惯性违章无所谓的人文不良环境氛围。一个管理屏障引起其他屏障的群体或个体失效、缺失，最终导致事故的发生。

2.4.3 旁路或多路径穿越模式

1. 旁路或多路径穿越模型

在 4M 风险屏障系统中，最活跃的是体现人的行为的人本安全屏障。在安全系统中，人既是安全防护的重要对象，也是导致事故的直接原因之一。人的不安全行为是一个相当复杂的活动行为，一般包括人的失误和明知故犯两大类。尽管人的不安全行为有时是无意的或被动的，但电力系统更多的事故教训证明，较多时候是有意的或主动的，这里面有一部分是不了解或无知造成的，更有甚者是明知故犯的，如反复发生的习惯性违章作业、违反劳动纪律或违章指挥的"三违"行为。从安全科学原理进行分析，这是因为人的不安全行为与事故之间具有一定的混沌属性，即整体上具有一定线性关系，但从具体特殊个体上又具有一定的非线性关系，即事故发生必然有人的不安全行为因素，但不安全行为不一定会直接或马上导致事故的发生；也有学者从行为心理学角度分析认为，人本能是往往具有一定的侥幸心理和冒险心理的特征，故而易导致人们对上述违章行为的有意或主动为之。

综上所述，人在整个系统中最具有主观能动性，同时对屏障系统也最具有破坏性。当人实施其不安全行为而造成人本屏障缺失时，人往往会对其他屏障产生轻视或无睹的状态，有时甚至是存在蓄意破坏的潜意识或行为。这个时候，风险就会破坏自身人本屏障，同时寻找众多机会，破坏或跳（越）过其他屏障，从而导致其他屏障的失效，最终使风险处于完全失控状态，从而发生事故。4M 风险屏障系统事故致因的旁路或多路径穿越模式如图 2 - 19 所示。

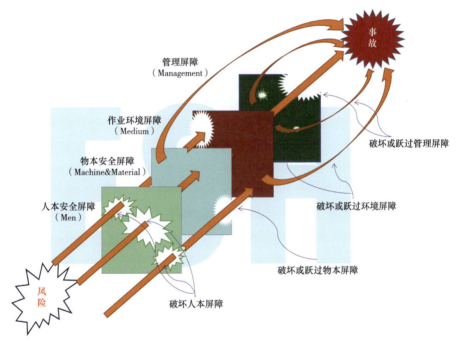

图 2 - 19　4M 风险屏障系统事故致因的旁路或多路径穿透模式

2. 典型案例

2015 年 12 月 18 日，南方某发电公司发生一起在进行循环水泵下轴承检修工作中，因运行、检修人员存在严重违章的不安全行为，系统隔离安全措施及检修作业风险辨识严重缺失，最终造成水淹泵房致 3 人死亡和两台运行机组非停的恶性事故。

（1）事故概况。2015 年 12 月 18 日，南方某发电公司检修部汽轮机班班长杨某签发了 2 号泵房 2A 循环水泵下轴承更换的检修工作票，工作负责人为俞某某，工作班成员为李某某、张某某和吴某某，检修班长杨某某。

工作票明确要求将 2A 循环水泵电源拉掉，关闭进出口阀门，挂警告牌，放干泵内积水。运行人员王某和班长莫某先后下到 2 号泵房内执行系统隔离安全措施，王某先关闭出口阀门并用加力干手动关严；然后两人一起操作 2A 循环水泵进水门，王某按电动开关关闭，再用加力杆手动关严，然后在值班泵房内检查进水门指示，发现进水门红灯已灭，即拉开电源（红灯灭，绿灯亮表示进水门已处于关闭状态；反之，红灯亮，绿灯灭表示进水门处于开启状态。事故后检查发现，绿灯灯泡实际上已烧坏，当时应处于不亮状态）。阀门操作完毕后，检查发现泵体压力表指示为 0.1MPa，且放水门已损坏，无法开启放水。运行班长莫某将此情况告知了检修工作负责人俞某某，俞某某表示：只是处理水泵下轴承，不是加盘根，不放水没有关系，可以工作，运行人员没有制止即许可检修开工。

至 12 月 22 日上午，检修人员顺利拆下了假轴、水泵靠背轮和上轴承盒等，当拧紧下轴承盒法兰的两个顶丝开始顶下轴承时，下轴承顶起 10mm 左右出现卡涩无法再顶起。23 日上午，检修班长杨某某告知工作负责人俞某某：将连接水泵端顶盖和下轴承底座中分面的螺栓松几厘米后，用顶丝顶起轴承支座，即可拆出。工作人员即按上述方法将所有中分面螺栓松开 3cm，再用顶丝顶轴承座，但轴承座没有离开中分面，工作人员即用大锤轻轻敲打轴承支座法兰，在敲打中轴承法兰断裂一小块。俞某某将此断裂情况汇报了班长杨某某，杨某某没去现场确认，即指示没有关系，可继续。

23 日下午，俞某某等继续按上述方法顶一点、松一点，逐渐将轴承支座顶离原盖法兰。18：12 左右，当俞某某指挥李某某继续松开连接螺栓时，突然一声巨响，水从泵体内将约 6t 重的泵盖同大轴、轴承支座掀起，河水涌入水泵房内，迅速将整个泵房淹没，同时造成正在运行的 1、3 号机组跳闸。水泵房除李某某一人脱险外，俞某某、张某某、吴某某三人未能脱险，不幸溺水死亡。

（2）屏障失效分析。在此起事故中，经最后调查、分析，发现该发电公司在此起事故中虽然按规定开具了检修工作票、手续齐全，但无论运行人员还是检修作业人员都存在严重违章的不安全行为。

1）当班运行人员没有按工作票上所列的安全措施将2A循环水泵进水门正确关闭，对就地是否真的关闭核实不到位，同时对"放水"安全措施未能执行的违反工作票制度的规定行为，没有提出任何安全异议且仍许可开工。

2）检修工作负责人开工前未与运行人员共同到现场检查工作票所列安全措施是否正确、全部执行，没有将泵内积水放干，在未证实安全措施是否全部落实的情况下盲目开工。

3）检修班长未到现场确认，不了解现场具体情况的条件下，违章指挥工作班人员要求将水泵中分面的螺栓全部松开。

从这起事故的原因来看，实际上并不复杂，基本都是人的一意行之。如果运行人员按工作票制度要求完全、正确执行自己的安全措施隔离行为，认真核实就地进水门关闭状态就可完全避免此起事故；即使如此，如果运行人员对0.1MPa的余压进行质疑，按工作票安全措施要求认真执行放水措施，在放水中可及时发现进水门未关闭严的状态，也可避免此起事故；而如果检修人员开工前按规定认真履行就地确认手续，对原安全措施的变更具有一定敏感性和纪律性，也可发现进水门未关闭的隐患。另外，如果检修班长在决定改变工艺时，重新认真分析、辨识评估原工作票安全措施和工作环境风险，也许也可及时制止此起事故的发生。

综上所述，在这起事故中，在工作票本身的组织管理机制和制度上并没有什么欠缺，作业环境也未发生任何变化，但运行人员执行安全措施不到位的人的不安全行为在先，检修人员开工前不确认开工条件及班长盲目指挥的同样是人的不安全行为在后，正是由于这两方面人的不安全行为直接跨越了工作票管理的机制，彻底破坏了检修作业管理屏障及进水门应隔离到位的物的安全屏障和防止水泵房淹水的环境屏障。人的不安全行为一遍又一遍地为之，不但自身人本屏障荡然无存，最终也直接破坏和跃过了系统其他防控屏障从而导致了事故发生。

3

4M 风险事故致因因素

根据4M屏障理论，本章将主要对事故致因的4M风险因素，即物的不安全状态、人的不安全行为、作业场所环境的不良条件和管理缺失或失误的具体分类和内容进行描述。

3.1　物的不安全状态

在发电企业中，一般把与发电生产有关的机械、设备、装置、仪器仪表、物料、工器具等除人以外的生产要素或对象统称为物。物既是导致事故发生的直接原因之一，同样也是受损害对象。从能量学角度出发，物往往具有不同形式、性质的能量，有出现能量意外释放，引发事故的可能性；从形态物理学角度，物在实际生产中以不同的形态存在，其物理结构的特征决定了其安全或不安全的程度。由于物的能量可能释放或结构不完整、缺陷引起事故的状态，统称为物的不安全状态。本书中为方便日常辨识管控把物的不安全状态分为高危能量源及危险介质、物理性危险和有害因素、化学性危险和有害因素、生物性危险和有害因素四大类。

3.1.1　高危能量源及危险介质

物的能量源及危险介质都具有一定的能量并出现意外释放的可能，这是一种固有的物的事故致因源风险。发电企业在发电生产过程中，普遍存在电能、机械能、油类等能量源及危险介质，极易引起触电、机械伤害、火灾等事故；在火力发电中还具有蒸汽、锅炉、压力容器（管道）等高温、高压能量源及氢气、液氨、酸碱及其他有毒有害等危险介质，也极易引起爆炸、火灾或中毒窒息等事故。

为方便企业日常管控和有重点地进行事故风险防范，本书以火力发电生产为例，结合能量意外释放理论和 GB/T 13861—2009《生产过程危险和有害因素分类与代码》中有关规定，特意将火电企业高危能量源及危险介质进行了分类，其他发电企业可参照执行。

1. 高危能量源

火力发电过程中的能量源存在较广泛，但易引发事故的主要是具有高危性质的能量源。本书中的能量源主要是指物质类的电能、动能、势能、热能等机械能和化学能。为方便日常辨识和管控，本书特将具有对人和设备、环境等具有较大危险性能量源进行定义及规定。火电企业高危能量源清单见表 3 - 1。

表 3 - 1 　　　　　　　　　　火电企业高危能量源清单

序号	高危能量源	定义及说明
1	高压带电设备	高压电动机、高压开关及母线等 1000V 以上电气设备
2	压力容器及其管道	运行的炉膛水冷壁、汽包、联箱、汽水分离器、高低压加热器、主蒸汽、再热蒸汽、各类辅助蒸汽、抽汽、供热及疏放水管道及其阀门、储气罐、空气压缩机（小型移动式除外）、氢气、液氨及其他压缩气体储罐
3	安全门	运行的汽轮机、锅炉各类安全门，磨煤机防爆门
4	转动部件	任何转动机械的转动部分，包括连接传递执行件及机构
5	热烟道、风道	运行的热一次风、二次风、空气预热器、锅炉尾部烟道（吸收塔前）
6	润滑、密封油系统	润滑、密封油站及管道、油箱
7	燃油系统	燃油罐、泵及管道、油泵房、油库
8	高空落物	危险性较大且易引起人身重伤及以上落物
9	空中运行物件	包括作业中的行车、其他进行中的空中起吊作业物、空中反弹物体（如码头缆绳、揽风绳）及其他空中抛射移动物件
10	移动机械	靠泊中的船舶、行使的大型土方机械、轨道卸船机、轨道堆取料机、火车、煤车、灰渣车
11	放射源及射线	用于测量、探伤放射源及激光源等，微波发射基站、高压出线及出口封闭母线、磁铁分离器、金属探测器
12	振动源	引起机械、电磁、流体振动的设备、管道及工器具

2. 危险介质

危险介质是电力生产不可避免的生产要素，但也是极易引发事故发生最根本的根源之一，危险介质一般往往易发生爆炸、火灾、中毒窒息、职业病、生态环境污染等事故。危险介质可分为两大类，第一类是生产过程使用的原材料类介质，如燃料、蒸汽、高温热水、热风、润滑油、氢气、液氨、酸碱、高温设备管道壳体及其他化学药剂等；第二类是因生产过程而产生的附属类介质，如噪声、粉尘、高温灰渣、烟气、一氧化碳、硫化氢等有毒有害及窒息气体等。火电企业危险介质清单见表 3 - 2。

表 3 - 2   火电企业危险介质清单

序号	危险介质	定义范围
1	高温高压汽水	主蒸汽、再热蒸汽、各类辅助蒸汽、抽汽、供热及疏放水、给水
2	高温灰渣	60℃以上飞灰、炉渣、炉焦
3	高温热水	80℃以上热水
4	高压水	1.5 MPa 以上各类水源，考虑泄漏时易损件弹射伤人
5	液压油	1.5 MPa 以上各类液压油，考虑泄漏时易损件弹射伤人
6	热风	100℃以上热风
7	其他高温介质	序号 1~6 外，无法辨识的高温介质或较复杂成分的高温介质
8	高温储罐、管道、阀门及其他壳体	外表温度超过 80℃设备设施壳体，包括主蒸汽、再热蒸汽、各类辅助蒸汽、抽汽、供热、疏放水管道、汽水取样管道及其阀门，炉膛壁壳及燃烧器壳，烟风道壳体及膨胀节，底渣斗、电除尘灰斗等
9	氢气	氢气站、氢气管阀及系统、氢冷发电机
10	液氨及氨气	脱硝催化还原剂液氨及其氨气、水处理气氨及其加氨系统
11	燃油	柴油及其挥发气体
12	烟气	锅炉本体、烟风道、电除尘、吸收塔、烟囱
13	CO、H_2S 等有毒有害或窒息气体	原煤仓（包括封闭煤场）、制粉系统、消防气体灭火系统、GIS 房、污水井
14	压缩气体和液化气体	集中供气站或集中供气点
15	易燃易爆气体	无法辨认何种气体成分或较复杂的可燃气体组分
16	抗燃油	液压抗燃油站、油箱及其系统
17	噪声	85dBA 以上，包括机械、电磁、管道流体
18	粉尘	煤尘、飞灰、各类扬尘

续表

序号	危险介质	定义范围
19	低温物体	液氨等泄漏结霜部件
20	有毒化学药品	酸、碱等危险化学品及其系统
21	致病微生物及细菌	污水井、坑、池、污染食品

3.1.2 物理性危险和有害因素

除上述高危能量源及危险介质外，发电企业生产现场中尚存在设备、设施及其附件和工器具的缺陷，安全防护设施缺陷，信号、标志缺陷等其他物理性危险和有害因素。具体见表3-3。

表3-3 发电企业物理性危险和有害因素清单

序号	类别		备注
1	设备、设施、工具、附件缺陷	强度不够	
		刚度不够	
		稳定性差	抗倾覆、抗位移能力不够。包括重心过高、底座不稳定、支承不正确等
		密封不良	指密封件、密封介质、设备辅件、加工精度、装配工艺等缺陷以及磨损、变形、气蚀等造成的密封不良
		耐腐蚀性差	
		应力集中	
		外形缺陷	指设备、设施表面的尖角利棱和不应有的凹凸部分等
		外露运动件	指人员易触及的运动件
		操纵器缺陷	指结构、尺寸、形状、位置、操纵力不合理及操纵器失灵、损坏等
		制动器缺陷	
		控制器缺陷	
		设备、设施、工具、附件其他缺陷	

续表

序号	类别		备注
2	防护缺陷	无防护	
		防护装置、设施缺陷	指防护装置、设施本身安全性、可靠性差,包括防护装置、设施及防护用品损坏、失效、失灵等
		防护不当	指防护装置、设施和防护用品不符合要求、使用不当。不包括防护距离不够
		支撑不当	包括建筑施工支护不符合要求
		防护距离不够	指设备布置、机械、电气、防火、防爆等安全距离不够和卫生防护距离不够等
		其他防护缺陷	
3	电伤害	带电部位裸露	指人员易触及的裸露带电部位
		漏电	
		静电和杂散电流	
		电火花	
		其他电伤害	
4	噪声	机械性噪声	
		电磁性噪声	
		流体动力性噪声	
		其他噪声	
5	振动危害	机械性振动	
		电磁性振动	
		流体动力性振动	
		其他振动危害	
6	电离辐射		包括 χ 射线、γ 射线、α 粒子、β 粒子、中子、质子、高能电子束等
7	非电离辐射	紫外辐射	
		激光辐射	
		微波辐射	
		超高频辐射	
		高频电磁场	
		工频电场	

续表

序号	类别		备注
8	运动物伤害	抛射物	
		飞溅物	
		坠落物	
		反弹物	
		土、岩滑动	
		料堆（垛）滑动	
		气流卷动	
		其他运动物伤害	
9	明火		
10	高温物体	高温气体	
		高温液体	
		高温固体	
		其他高温物体	
11	低温物体	低温气体	
		低温液体	
		低温固体	
		其他低温物体	
12	信号缺陷	无信号设施	指应设信号设施处无信号，如无紧急撤离信号等
		信号选用不当	指信号量不足，如响度、亮度、对比度、时间维持时间不够
		信号位置不当	
		信号不清	
		信号显示不准	包括信号显示错误、显示滞后或超前
		其他信号缺陷	
13	标志缺陷	无标志	
		标志不清晰	
		标志不规范	
		标志选用不当	
		标志位置缺陷	
		其他标志缺陷	

续表

序号	类别	备注
14	有害光照	包括直射光、反射光、眩光、频闪效应等
15	其他物理性危险和有害因素	

3.1.3 化学性危险和有害因素

发电企业无论在发电运行过程中还是在检修、维护、检测、分析、试验等过程中，都必须使用到一些危险化学品介质，化学性危险和有害因素清单见表3-4。

表3-4　　　　　　　　化学性危险和有害因素清单

序号	类别名称	备注
1	爆炸品	
2	压缩气体和液化气体	
3	易燃液体	
4	易燃固体、自然物品和遇湿易燃物品	
5	氧化剂和有机过氧化物	
6	有毒品	
7	放射性物品	
8	腐蚀品	
9	粉尘与气溶胶	
10	其他化学性危险和有害因素	

3.1.4 生物性危险和有害因素

尽管在火电生产活动中，很少接触和产生生物性危险和有害因素，但仍有可能存在不少诸如小动物、病菌等生物性危险和有害因素。发电企业生物性危险和有害因素清单见表3-5。

表 3 - 5　　　　　　　　发电企业生物性危险和有害因素清单

序号	类别	备注
1	致病微生物	
2	细菌	
3	病毒	
4	真菌	
5	其他致病微生物	
6	传染病媒介物	
7	致害动物	包括对人、对设备可能造成侵害的狗、猫、鼠、飞鸟等
8	致害植物	
9	其他生物性危险和有害因素	

3.2　人的不安全行为

通过对事故规律的研究，人们已认识到，生产事故发生的重要原因之一是人的不安全行为。由于人的行为千差万别，不尽相同，影响人行为安全的因素也多种多样：同一个人在不同条件下有不同的不安全行为表现，不同的人在同一条件下也会有各种不同的不安全行为表现。但通过一定的安全行为学研究，都可实现人为因素的科学管理。本书结合 GB/T 13861—2009《生产过程危险和有害因素分类与代码》给出了发电企业人的不安全行为表现分类及类别。

3.2.1　心理、生理性危险和有害因素

人是复杂的生物有机体，其在社会生产生活中，行为受到各种因素的影响。影响人行为的主要心理、生理因素，主要与性别、年龄、视觉、听觉、反应能力、记忆力、观察力、生物节律、疲劳状况等有关。人的心理、生理性危险和有害因素见表 3 - 6。

表 3 - 6   人的心理、生理性危险和有害因素类别

序号	类别		备注
1	负荷超限	体力负荷超限	指易引起疲劳、劳损、伤害等的负荷超限
		听力负荷超限	
		视力负荷超限	
		其他负荷超限	
2	健康状况异常		指伤、病期等
3	从事禁忌作业		包括恐高症（从事登高作业）
4	心理异常	情绪异常	包括家庭的或工作的原因
		冒险心理	
		过度紧张	包括新员工首次独立作业
		其他心理异常	
5	辨识功能缺陷	感知延迟	
		辨识错误	
		其他辨识功能缺陷	包括红绿色盲从事运行操作等
6	其他心理、生理性危险和有害因素		

3.2.2 行为性危险和有害因素

人的不安全行为，除与心理、生理有关外，根据安全行为学研究还与人的能力、人生观、价值观等社会因素有关，这些因素决定了人具体的行为习惯和主观行为。根据电力行业的生产特点，人的行为性危险和有害因素主要包括人的日常工作习惯、检查习惯、领导习惯等。行为性危险和有害因素类别见表 3 - 7。

表 3 - 7   行为性危险和有害因素类别

序号	类别		备注
1	指挥错误	指挥失误	
		违章指挥	
		其他指挥错误	包括生产过程中的各级管理人员的指挥

续表

序号	类别		备注
2	操作错误	误操作	包括误入间隔
		违章操作	
		其他操作错误	
3	监护失误		包括工作负责人、S/M 见证人员等到岗不到位的行为
4	其他行为性危险和有害因素		包括误入危险区域、脱岗等违反劳动纪律行为

3.3　作业场所环境的不良条件

生产现场的工作环境统称为作业环境。作业环境既包括室内、室外、地下水下等客观硬件设施条件、气候条件、水文条件等，也包括企业的生产氛围、安全价值观、人力资源绩效激励、引导等安全文化的人文环境。

3.3.1　人文作业环境不良

人文作业环境是企业文化，尤其是安全文化的重要组成部分。一个管理者与员工之间相互尊重、彼此理解、相互关心、彼此帮助的融合、和谐的人文环境，符合企业的整体利益和员工的共同利益，也是安全生产的润滑剂、推进剂。反之，当出现人文作业环境不良时，无论对管理有序性、设备设施完好性、人的行为规范性都会带来一定的负面风险和影响。但人文作业环境不良风险对事故的致因是隐性的、长期的，对事故作用不像其他作业环境影响那样直接，是潜移默化和综合作用的。人文作业环境不良主要包括正确安全理念、价值观缺失、人际关系不良，人文关怀缺失，正向激励缺失，现场文明生产环境条件不良等。人文作业环境不良条件类别见表 3 - 8。

表 3 - 8　　　　　　　　　　　　人文作业环境不良条件类别

序号	类别	备注
1	安全文化建设不良	安全理念不当或缺乏 安全价值观不当或缺乏 安全承诺缺失 其他文化缺失
2	人际关系不良	情绪对立
		关系冷漠　　包括互有戒心
3	人文关爱缺失	业余文化生活缺失　　包括业余文化基础设施缺失
		互保互助（指电力企业推行的互相保证互相帮助活动）缺失　　包括机械的执行互保互助
		员工休假、疗养缺失
		员工正常其他福利缺失
4	正向激励缺失	员工舞台缺失　　包括技术比武、QC 攻关缺失或不力
		用人导向不力　　包括培训、晋升、第三发展通道不力
		奖罚不明　　包括榜样力量缺失、先进评比不力
5	现场文明生产环境条件不良	标准化及 7S（整理、整顿、清扫、清洁、素养、安全、速度/节约）开展不力　　包括安全温馨提示等环境亮化、美化、绿化等缺失
		班组建设缺失　　包括班组管理气氛不浓
		班组设施不全、破损、缺失　　包括班组看板、展板、办公设施及更衣、休息设施等缺失

3.3.2　室内作业环境不良

发电企业建有众多厂房、车间、库房，在这些区域内作业时，各类构（建）筑物设施的完整性、内部设备布置合理性，包括通风、照明、温湿度等都会对环境产生不良作业条件，从而导致发生事故的致因。发电企业室内作业环境不良条件类别见表 3 - 9。

表 3 - 9　　　　　　　　发电企业室内作业环境不良条件类别

序号	类别	备注
1	室内地面滑	指室内地面、通道、楼梯被任何液体、熔融物质润湿，结冰或有其他易滑物等

序号	类别	备注
2	室内作业场所狭窄	
3	室内作业场所杂乱	
4	室内地面不平	
5	室内梯架缺陷	包括楼梯、阶梯、电动梯和活动梯架，以及这些设施的扶手、扶栏和护栏、护网等
6	地面、墙和天花板上的开口缺陷	包括电梯井、修车坑、门窗开口、检修孔、孔洞、排水沟等
7	房屋地基下沉	
8	室内安全通道缺陷	包括无安全通道、安全通道狭窄、不畅等
9	房屋安全出口缺陷	包括无安全出口、设置不合理等
10	采光照明不良	指照度不足或过强、烟尘弥漫影响照明等
11	作业场所空气不良	指自然通风差、无强制通风、风量不足或气流过大、缺氧、有害气体超限等
12	室内温度、湿度、气压不适	
13	室内给、排水不良	
14	室内涌水	
15	其他室内作业场所环境不良	

3.3.3 室外作业环境不良

发电企业室外设备众多，有些甚至是处在高空区域，受室外气候风、雨、雪、雾、雷电、烈日等影响较大，由于室外作业环境不良导致的事故、事件也较多。室外作业环境不良条件类别见表 3 - 10。

表 3 - 10　　　　　　　　室外作业环境不良条件类别

序号	类别	备注
1	恶劣气候与环境	包括风、极端的气温、雷电、大雾、冰雹、暴雨雪、洪水、浪涌、泥石流、地震、海啸等

续表

序号	类别	备注
2	作业场地和交通设施湿滑	包括铺设好的地面区域、阶梯、通道、道路、通道等被任何液体、熔融物质润湿，冰雪覆盖或有其他易滑物等
3	作业场地狭窄	
4	作业场地杂乱	
5	作业场地不平	包括不平坦的地面和路面，有铺设的、未铺设的、草地、小鹅卵石或碎石地面和路面
6	航道狭窄、有暗礁或险滩	
7	脚手架、阶梯和活动梯架缺陷	包括这些设施的扶手、扶栏和护栏（沿）、护网、立杆、脚踏板等
8	地面开口缺陷	包括升降梯井、修车坑、水沟、水渠、桩基坑洞等
9	建筑物和其他结构缺陷	包括建筑中或拆毁中的墙壁、桥梁、建筑物，筒仓、固定的槽罐和容器，屋顶、塔楼等
10	门和围栏缺陷	包括大门、栅栏、畜栏和铁丝网等
11	作业场地基础下沉	
12	作业场地安全通道缺陷	包括无安全通道、安全通道狭窄、不畅等
13	作业场地安全出口缺陷	包括无安全出口、设置不合理等
14	作业场地光照不良	指光照不足或过强、烟尘弥漫影响光照等
15	作业场地空气不良	指自然通风差或气流过大、作业场地缺氧、有害气体超限等
16	作业场地温度、湿度、气压不适	
17	作业场地涌水	
18	其他室外作业场地环境不良	

3.3.4 地下（含水下）作业环境不良

发电企业由于厂房、系统设备结构特点，有众多设备属于负米布置，如凝结水泵坑、循环水泵坑、电缆隧道、井及管沟等，有些海水开式冷却系统还需要进行进水和引水隧道、井清淤作业，水电厂还存在进水口、引出水口等水下作业。这些作业虽然频次不高，但由于其特殊性环境条件风险往往很大，稍有不慎就会酿成事故。地下（含水下）作业环境不良类别见表 3 - 11。

表 3 - 11　　　　　　地下（含水下）作业环境不良类别

序号	类别	备注
1	地下作业面空气不良	包括通风差或气流过大、缺氧、有害气体超限等
2	地下水	
3	水下作业供氧不当	
4	其他地下（含水下）作业环境不良	包括潮流，水下通信、照明受限，同侧运行设备对其影响

3.3.5　其他作业场所环境不良

除以上作业环境不良条件外，在发电企业尚有受限密闭空间及人机工效等作业环境条件不良也会导致事故的发生。发电企业其他作业环境不良类别见表 3 - 12。

表 3 - 12　　　　　　发电企业其他作业环境不良类别

序号	类别	备注
1	强迫体位	指生产设备、设施及其管道、阀门等的设计或作业位置不符合人机工效学要求，而易引起作业人员疲劳、劳损或事故的一种作业姿势
2	综合性作业环境不良	显示有两种以上作业环境致害因素，且不能分清主次的情况
3	有限密闭空间	指烟风道、炉膛、汽包、联箱、容器、罐、隧道、井、池、筒（仓）及其他设备设施内部受限空间等
4	以上未包括的其他作业环境不良	

3.4　管理缺失或失误

大量的事故调查资料和事故发生的实践证明，管理的好坏决定着事故的多少。相对于其他风险因素，管理风险因素是最隐性的，但往往也是最根本的。发电企业许多事故的发生，事情出在现场或员工身上，但根却在企业内部管理及机制上。这种管理问题的作用时间越长，事故就越多发；出现的频率越大，影响力强，波及面广，事故发生的频率也就会越高，事故发生的级别也就越大；如果制定各项反事故措施时，这种管理根源没有解决，有时就会出现事故的多发或事故的重复发生，乃至出现事故的恶性循环。

管理因素风险主要表现为管理缺失或管理失误，其导致的主要因素有组织机制原因、人的原因、制度体系原因三个方面，从其具体行为表现来看可包括责任制、培训、组织机构体系、制度体系、风险评估及隐患排查、事故应急管理等缺失、不健全以及执行、投入等不足。GB/T 13861—2009《生产过程危险和有害因素分类与代码》中，将管理的事故致因因素表现分为 10 个类别，但作为发电企业内部安全生产的管控来看，为便于操作往往可以分成日常管理和现场管理两个层次。本书根据发电企业生产具体实践并结合国家相关规定进行了细化分解，具体见表 3 - 13。

表 3 - 13 管理缺失或失误类别

序号	类别		备注
1	日常管理缺失或失误	安全生产组织机构不健全	保障体系、监督体系及安全生产委员会、生态环保领导小组、部门、班组机构设置等
		安全环保责任制未落实	包括未签订责任制、责任制不完善、考核兑现不力
		安全环保管理规章制度不完善	包括制度标准化体系不完善，未及时制定、修改、发布、作废及文件受控
		建设项目"三同时"制度未落实	包括生态环保、安全、职业健康评价
		运行、检修等规程不规范	包括检修文件包及运行操作或施工方案
		事故应急预案及响应缺陷	包括应急体系建设不完善、定期评审、演练及修改
		教育培训不完善	包括培训制度、计划、实施、评价
		安全环保投入不足	包括人、财、物的配置及能力、技术、资金提供
		安全环保管理不完善	包括执行、监督检查、考核不力、风险评估及隐患排查治理不力
		其他管理因素缺陷	

续表

序号	类别		备注
2	现场作业组织管理缺失或失误	现场作业组织、分工及其职责未落实	包括项目负责人、工作负责人、安全监督人、技术负责人资质及工作分工等
		管理人员到岗到位未落实	包括到岗不到位、缺乏工作标准
		现场监护制度未落实	包括未落实监护人、监护人未到岗、未履行监护程序及标准
		作业标准或手续不完善	包括审核、会签、审批、开工、登记及其风险控制策划
		事前工作安全分析执行不到位	包括工作安全分析（JSA）、风险预控本填写、变更动态风险分析、预控策划
		现场标准化作业布置未落实	包括检修、安全文明生产、外包等标准化执行不到位
		工器具、PPE 等准备未落实	包括配备、检查、使用、更换
		闭环检查不到位	包括运行操作反馈未落实
		工完场清、设备完整清洁未落实	包括检修修后场地、环境、设备、设施（保温、防腐、接地、护罩、支架等）、标识、标志等未执行清洁、恢复、修复及验收

注 1. 建设项目"三同时"，是指安全、环保、职业健康设施必须与主体工程同时设计、同时施工、同时投产。
2. 文件受控是指对文件的编制、发放、修订、作废等必须有管控手段、标识等，确保有关岗位能及时获取，且时刻使文件处于有效最新状态。

4

风险的辨识

4.1 概述

风险辨识是指在风险事故发生之前，人们运用各种方法系统地、连续地分析、识别所面临的各种风险源因素以及找出事故发生的存在或潜在原因。本章以发电企业为例详述风险辨识组织程序、方法、对象与范围，同时也给出辨识方法的原则。

4.1.1 辨识原则

风险辨识和预控工作坚持以下原则。

（1）运用"4M 风险屏障系统"中的事故致因理论，切实抓住事故发生的根源及其风险。

（2）贯穿于发电生产运行、检修、消缺、维护、检验试验等所有活动和设备、区域及其管理行为。

（3）以风险数据库为依托，编制典型生产工艺、工序过程与风险管控深度融合的作业标准。

（4）对风险进行分级，实行分级管控。

（5）静态与动态相结合，不断改进。

4.1.2 辨识对象

发电生产安全健康及生态环境风险辨识对象主要包括以下五个方面：

（1）运行作业活动风险。

（2）检修作业活动风险。

（3）生产区域环境风险。

（4）设备故障风险。

（5）管理行为风险。

4.1.3　辨识形式

根据风险及发电生产特征，辨识形式包括基础辨识、专项辨识和持续辨识。

1. 基础辨识

企业在建设风险预控体系并进行风险预控前，应系统性排查所有发电生产的各类风险。现有已建成并运营的所有企业应至少开展一次基础辨识；新投产企业在投产后半年内，开展一次全面、系统的风险辨识；基础辨识的结果应形成企业基础风险数据库。

2. 专项辨识

当生产条件、环境、设备设施、人员或管理发生较大变化或发电生产过程中发生事故时，企业应专门针对性开展风险的重新辨识，辨识后应及时完善和更新风险数据库、典型操作票、工作票、管理行为观察卡及相关检修文件包、工艺卡、任务单等。

3. 持续辨识

每次运行、检修作业或其他施工前，企业应参照风险数据库动态开展作业前的危险、有害辨识与分析，确保风险的针对性、完善性和实时有效性。企业每年应更新、完善风险数据库，以确保风险库的针对性和有效性，并提高应用效率。

4.2　辨识的前期准备

风险辨识的前期准备包括成立评估工作组、编制评估方案和相关信息的沟通与收集。

4.2.1　组建工作组

企业需根据评估对象成立评估工作组，并确定其专业构成、成员数量，评估组应有现场经验丰富的作业人员及相关管理人员参加，必要时可聘请相关领域的专家组建顾问组为评估工作进行技术指导，评估组应有企业各级管理人员、相关专业技术骨干、一线员工及安全管理领域人员参加。

4.2.2　编制工作方案

企业开展风险辨识需编制专项组织方案，明确方法、进度及人员分工等，方案应具有针对性、预见性；方案应包括工作程序、工作组成员信息及工作任务、工作内容及进度要求以及其他相关部门配合工作的具体内容、评估需要的资料清单等。

4.2.3　信息沟通与收集

企业开展风险辨识前，需先准备及详细收集相关与风险有关信息和资料，确保评估工作的全面性和系统性，包括但不限于：

（1）企业所面临的安全、健康及生态环境保护的区域地理环境及背景风险和机遇。

（2）以往各类安全环保审核、评价与评审。

（3）现有生产管理体系、惯例、过程和程序的检查。

（4）所有涉及的改进措施要求。

（5）以往的事件、事故和紧急情况的调查反馈。

（6）员工或相关方关注及要求。

4.2.4　确定评审准则

企业开展风险辨识策划时，应充分梳理、收集并对照以下准则进行，确保风险评估的针对性和预控措施的有效性。

（1）有关安全生产法律、法规及政府部门其他要求。

（2）有关设计规范、技术标准。

（3）有关电业安全工作规程。

（4）有关防止电力生产事故的二十五项重点要求及规定。

（5）隐患排查与治理要求。

（6）企业管理标准、技术标准、操作规程。

（7）企业安全生产方针和目标。

（8）其他安全、健康及生态环境保护要求。

4.2.5　开展专项培训

企业需对所有参加辨识的人员开展专项培训，明确辨识范围、程序、方法和任务分工，培训应在正式辨识开展前至少进行一次，在辨识过程中结合工作进度随时增补开展，确保辨识工作的顺利进行。培训内容包括但不限于：

（1）风险源辨识、风险评价及其控制策划的基础理论知识。

（2）国家、行业相关法律法规、标准及上级单位相关制度和要求。

（3）辨识技能、方法。

（4）风险评价及控制措施制定方法。

（5）其他有关内容。

企业开展安全风险辨识专项培训如图4-1所示。

图4-1　企业开展安全风险辨识专项培训

4.3 辨识标准化流程

企业发电生产安全环保风险辨识必须按照既有的标准化组织流程，实行系统的、动态的 PDCA 过程。具体包括任务清单及单元的确定，工序、区域、部件划分，以往事故教训经验收集，关键工序确定，基于工序风险评价，风险预控措施确定，风险监测监控多个环节。典型企业风险辨识全过程流程见图 4-2。

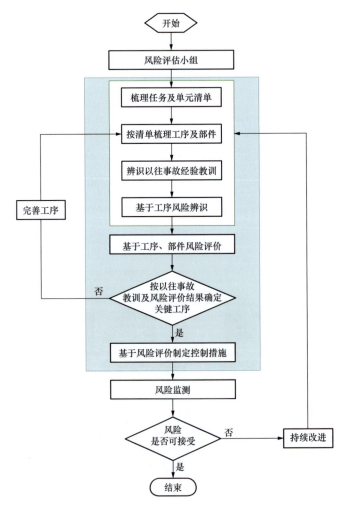

图 4-2 典型企业风险辨识全过程流程图

4.4　任务清单及其单元、工序确定

4.4.1　任务清单及单元确定

企业开展风险评估工作应遵循循序渐进、持续改进和完善的方针，需先确定典型任务清单、区域清单、设备单元及管理单元，以点带面、逐步完善。

建立任务清单及单元时，应考虑：

1. 作业活动清单

（1）各专业管理惯例及其特点。如锅炉、汽轮机、电气、热控、化学、灰硫、燃料各专业兼顾。

（2）运行、检修作业活动本身的重要性、代表性。如同一类型的操作或作业可以先整合或取一个，但本身属重要的作业予以保留。

（3）风险的特性及重要性。如相近的系统（设备）或风险作业进行合并，而将风险较多、风险较大的作为典型加以辨识。

（4）常规和非常规作业活动。如日常操作或维护作业、检修作业、紧急异常作业等。

2. 系统设备单元清单

系统设备单元清单确定应体现问题导向与通用性，按专业和系统对设备单元进行详细归类，对各归类设备确定部件清单，应确保：

（1）系统的全面性。按机组等级、专业分类建立系统设备清单框架，包含自燃料入厂到电能输出的发电生产全过程，按工艺系统流程进行划分。

（2）设备的代表性。系统包含的具体设备名称，多台相同的设备可统一编制。

（3）部件的典型性。体现功能性、安全性部件，主要包括风险概率较大、风险后果严重的部件。

3. 区域清单

区域单元的划分应按网格化标准管理要求：

（1）符合行业区域或厂房名称惯例，如汽机房、锅炉房 0m 层、发电机运转层、给煤机层、储煤场区域等。

（2）区域整体性与生产运行、检修习惯兼顾。如中压配电室、低压及直流配电室、蓄电池室等。

（3）与运行、检修作业活动的有机结合。如根据设备布置自身特点，可把汽轮机 0m 再分割成凝汽器区域、化水区域，锅炉房 0m 再分割成磨煤机区域、底渣斗区域等。

4. 管理单元及活动清单

管理单元及活动确定应围绕岗位及其对应职责，按日常管理和现场作业组织管理两个层面确定。

（1）典型管理岗位。如总经理、部门主任（运行、生技、检修、后勤服务、安全监督部门）、班组长、项目负责人、工作票签发人、许可人、工作负责人、安全专职人员（企业、部门）等。

（2）日常管理活动。如安全生产委员会、目标责任制、制度体系、教育培训、风险评估预控与隐患排查治理、技术监督、安全、环保、设备、运行专项管理及人、财、物投入管理等。

（3）现场作业组织管理。如运行重大操作、试验、检修危险作业、机组检修或技改项目管理等。

4.4.2　作业工序确定

作业活动风险评估工序包括固定工序和可变工序。固定工序是为确保风险评估的完整性而特定的通用工序，可变工序是需要企业按照运行、检修实际作业步序、工艺和内容确定。企业可变工序确定时，应结合操作票、文件包和风险辨识、评估的特点，既要保证运行操作、检修工艺的完整性、可操作性，又要同步体现具体风险提醒与控制。

1. 运行作业工序

（1）组织管理风险评估（固定工序）。

（2）区域环境风险评估（固定工序）。

（3）作业准备（固定工序）。

（4）工序 1（可变工序）。

（5）……（可变工序）。

（6）工序 n（可变工序）。

（7）检查闭环（固定工序）。

2. 检修作业工序

（1）工作票及作业指导书评估（固定工序）。

（2）区域环境风险评估（固定工序）。

（3）安全技术交底风险评估（固定工序）。

（4）现场标准化布置（含脚手架）风险评估（固定工序）。

（5）作业准备（固定工序）。

（6）工序 1（可变工序）。

（7）……（可变工序）。

（8）工序 n（可变工序）。

（9）工完场清、设备设施完整（固定工序）。

4.5 风险源辨识

本节详细介绍辨识的具体开展，包括以往事故教训及经验反馈分析、关键工序确定、辨识范围与具体内容。

4.5.1 以往事故教训及经验反馈分析

企业风险第一步是详细收集以往发生的事故教训及良好行为经验，包括系统内、同行业及同类型生产、经营、服务活动中事故及不安全事件案例和资料，分析导致发生事故的各种不安全状态、行为或偏差，以起到警示和提醒作用，具体需做到。

（1）参照对事故的分析结果，将有关教训列入风险评估中。

（2）将事故案例置于风险评估或作业标准的显著位置。

（3）分析事故教训及反事故措施的落实。

（4）将内、外良好习惯或经验融入控制措施。

注1：经验反馈来自于内部和外部，包括良好经验和偏差，自身企业的事故教训必须全部收集和分析。

注2：内部主要来源于安全简报、月报、通报及各类专项通知、考核单、变更单等。

注3：外部主要可来自于国内外电厂运营管理经验和信息，会议、培训、考察交流、研讨以及上级公司和政府、行业协会或同行评审推荐的良好实践等。

4.5.2 关键工序确定 （HACCP）

企业在进行作业活动风险评估时，应结合以往发生的事故、经验教训或自身风险评估结果，运用 HACCP 方法（危险分析与关键控制工序法，Hazard Analysis Critical Control Points）确定本作业活动的关键工序。

（1）对作业安全、健康及生态环境保护有直接影响的工序。

（2）运行操作或检修作业工艺复杂、风险集中，对操作或作业要求高或总是发生问题较多的工序。

（3）自身风险评估中达到极高风险或至少显著风险且风险集成高的工序。

（4）以往曾经发生事故及不安全事件中涉及的主要事故致因工序。

4.5.3 辨识范围与具体内容

企业需依照"4M 风险屏障系统"风险预控理论，全面识别企业安全健康生态环境风险，辨识时，应考虑"三种状态""三种时态""五种危险、有害及生态环境因素"和"二十四种事故、事件类型"。

1. **三种状态**

（1）正常——正常生产或设备正常运转状态。

（2）异常——设备启、停或检修状态。

（3）紧急——发生人身、设备、供热、电网、职业病、火灾及污染超标排放等安全健康及生态环境事故、事件状态。

2. **三种时态**

（1）过去——过去曾发生过的安全健康及生态环境事故、事件。

（2）现在——现在可能发生的安全健康及生态环境事故、事件。

（3）将来——将来可能会发生安全健康及生态环境事故、事件。

3. **五种危险、有害及生态环境因素**

企业应依照"4M 风险屏障系统"中逆向事故致因理论，结合日常火力发电安全环保管理模式辨识以下五个方面的危险、有害及生态环境因素，具体见图 4 - 3 ~ 图 4 - 7。

（1）人的不安全行为因素。

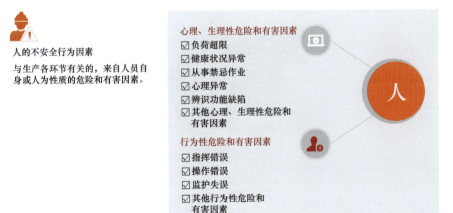

图 4 - 3 人的不安全行为因素

（2）物的不安全状态。

物理性危险和有害	化学性危险和有害	生物性危险和有害
序号	火电企业主要高危能量源及危险介质清单（32类）	
1 ☑ 高压带电设备	高压电机、高压开关及母线等1000V以上电气设备	
2 ☑ 高温高压汽水	主蒸汽、再热蒸汽、各类辅汽、抽汽、供热及疏放水、给水	
3 ☑ 高温灰渣	60℃以上飞灰、炉渣、炉焦	
4 ☑ 高温热水	80℃以上热水	
5 ☑ 高压水	1.5 MPa以上，考虑泄漏时易损件弹射伤人	
6 ☑ 液压油	1.5 MPa以上，考虑泄漏时易损件弹射伤人	
7 ☑ 热风	100℃以上热风	
8 ☑ 高温介质	序号2–7外，无法辨识的高温介质或较复杂成分的高温介质	
9 ☑ 高温高压管道、阀门及其他壳体	运行的主蒸汽、再热蒸汽、各类辅汽、抽汽、供热及疏放水管道及其阀门、底渣斗、电除尘灰斗及管道、其他外表温度超过80度设备设施壳体	

高危能量源及危险介质
32类

物理性危险和有害因素
15类

化学性危险和有害因素
10类

生物性危险和有害因素
9类

图 4 - 4　物的不安全状态因素

（3）环境的不良条件。

室内作业场所环境不良
地面湿滑、空气不良、安全通道堵塞、采光、照明不良、地面坍塌、湿度、温度不合适……

地下（含水下）作业环境不良
地下作业空气不良、地下作业供氧不当……

室外作业场所环境不良
恶劣气候条件、场地、交通设施湿滑、航道狭窄、建筑物缺陷……

其他作业环境不良
强迫体位作业、综合性作业环境不良……

图 4 - 5　环境的不良条件因素

（4）管理缺失或失误因素。

日常管理失误或缺失		现场作业组织管理失误或缺失	
安全生产组织机构不健全	培训制度不完善	现场作业组织、分工及其职责为落实	现场标准化作业布置未落实（含脚手架搭拆）
安全环保责任制未落实	其他安全生产管理规章制度不健全	管理人员到岗位未落实	其他作业准备不充分
安全环保管理规章制度不完善	安全环保投入不足	现场监护制度未落实	检查闭环未落实（运行）
建设项目"三同时"制度未落实	安全环保管理不完善	操作票、工作票或文件包、工艺卡未落实	工完场清及设备设施完整整洁未落实（检修）
运行、检修等规程不规范	……	事前工作安全分析（JSA）与预控未落实	……
事故应急预案及响应缺陷	……	现场安全技术交底未落实	……

图4-6　管理缺失或失误因素

（5）生态环境因素。

——大气。
——水体。
——土地。
——噪声。
——废物。
——辐射污染。
——热污染。
——原材料与自然资源。
——法律法规规性问题。
——地理环境与其他环境问题等。

图4-7　生态环境因素

4. 二十四种事故、事件类型

（1）按照国家有关事故类型规定，企业应辨识的事故、事件类型包括：

1）物体打击。

2）车辆伤害。

3）机械伤害。

4）起重伤害。

5）触电。

6）淹溺。

7）灼烫。

8）火灾。

9）高处坠落。

10）坍塌。

11）锅炉爆炸。

12）瓦斯爆炸。

13）容器爆炸。

14）中毒和窒息。

15）未遂。

16）异常。

17）障碍。

18）供热安全。

19）电网安全。

20）设备安全。

21）文明生产。

22）职业病（见表 4 - 1）。

23）生态环境事件（见表 4 - 2）。

24）其他。

（2）职业病。

依照国家卫生计生委印发的国家《职业病分类和目录》，结合火力发电企业生产风险因素，职业病辨识类别应按照表 4 - 1 执行。

表 4 - 1　　　　　　火力发电企业职业病分类和目录识别表

序号	名称	说明
1	尘肺病	煤工尘肺、石棉肺、电焊尘肺
2	刺激性化学物所致慢性阻塞性肺疾病	
3	职业性皮肤病	
4	职业性眼病	
5	噪声聋	
6	中暑	
7	高原病	
8	激光所致眼（角膜、晶状体、视网膜）损伤	
9	冻伤	
10	职业性放射性疾病	（1）外照射急性放射病。 （2）外照射亚急性放射病。 （3）外照射慢性放射病。 （4）内照射放射病。 （5）放射性皮肤疾病。 （6）放射性肿瘤。 （7）放射性骨损伤。 （8）放射性甲状腺疾病。 （9）放射性性腺疾病。 （10）放射复合伤
11	职业性传染病	

（3）生态环境事件。

依照生态环境事件风险污染因子和环境因素类型，火力发电企业生态环境事件类型识别见表 4 - 2。

表 4 - 2　　　　　　火力发电企业生态环境事件类型识别表

序号	事件类型	说明
1	大气污染	烟尘、扬尘、粉尘及有毒有害气体排放
2	水体污染	各类工业、生活废水排放
3	土地污染	各类固体废物排放、处置
4	噪声污染	影响厂界的发电生产噪声、检修施工作业等噪声排放
5	废物	检修施工作业废料、废油、废弃零部件、生活垃圾等排放、处置

序号	事件类型	说明
6	辐射污染	各类反射性或电磁辐射
7	热污染	开式循环水、烟气等排放
8	原材料与自然资源消耗	煤、水、电消耗
9	地理环境与社区问题	当地政府、居民抱怨
10	其他	

4.6 辨识基本方法

传统的风险辨识主要依据事故经验进行，采用与操作人员交谈、现场安全检查、查阅记录等方法。20 世纪 60 年代以后，国外开始制定安全检查表来进行危险有害因素辨识。随着系统安全工程的兴起，系统安全分析方法逐渐成为危险辨识的主要方法。分析辨识方法有很多，每一种方法都有其目的性和应用的范围。本书中着重简要介绍几种典型的适用于发电企业的危险有害及生态环境因素辨识的分析方法。

4.6.1 工作（岗位）危险分析法

工作（岗位）危险分析法（Job Hazard Analysis，JHA）是欧美企业长期使用的一套较先进的风险管理工具之一，近年来逐步被国内企业所认识并接受，率先在石油化工企业导入使用，并收到良好的成效。组织者首先指导岗位员工对自身的作业进行危险有害辨识和风险评价，仔细地研究和记录工作的每个步骤，识别已有或潜在的危险；然后对人员、设备、材料、环境及管理程序和机制等隐患进行分析，找到最佳的办法来减少或消除这些隐患所带来的风险，以避免事故发生。工作（岗位）危险分析法主要过程如图 4 - 8 所示。

工作（岗位）危险分析法主要是采用把工作或岗位任务分成若干步骤的做法。具体以清单的形式列出系统中所有的工作任务以及每项任务的具体工序，

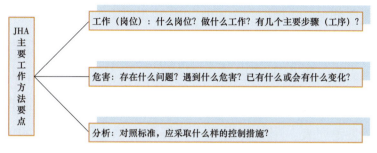

图 4 - 8 工作（岗位）危险分析法主要过程

对照相关的规程、标准、制度，并结合实际工作经验，分析每道工序中可能出现的危险有害因素，是一种非常实用的分析辨识方法。

工作（岗位）危险分析法主要可用于发电企业运行操作、检修作业及管理活动等任务及岗位风险辨识、分析。

4.6.2 危险与可操作性分析法

危险与可操作性分析法（Hazard and operability study，HAZOP）是英国帝国化学工业公司（ICI）于 1974 年针对化工装置而开发的一种危险性评价方法。作为一种工艺危害分析工具，已经广泛应用于识别各类设备装置在设计和操作阶段的工艺危害分析。

HAZOP 的基本过程是以关键词为引导，找出系统中（以危化品为例）工艺过程的状态参数（如温度、压力、流量等）变化（偏差），然后再继续分析找出偏差的原因、后果及可能采取的对策。通过危险与可操作性分析，能够探明生产设备装置及工艺过程存在的危险，根据危险带来的后果，明确系统中的主要危险。如果需要，可利用事故树对主要危险继续进行分析，因此它又是确定事故树顶上事件的一种方法。在 HAZOP 分析过程中，分析辨识人员对单元中的工艺过程及设备状况要深入了解，对于单元中的危险及应采取的措施要有透彻的认识，因此，它同时还被认为是对员工培训的有效手段。

HAZOP 的主要过程如下：

（1）提出问题。为了对分析的问题能开门见山，只用"否""多""少"

"以及或而且""部分""相反""其他"来涵盖所有出现的偏差。

（2）划分单元，明确功能。将分析对象划分为若干单元，在连续过程中，诸如在操作中以连续操作步骤或设备系统为主；在间歇过程中，诸如热机操作、检修作业可以以设备为主。明确各单元的功能，说明其状态和过程。

（3）定义关键词表。用关键词逐一分析每个单元可能产生的偏差，一般从工艺生产过程的起点、系统、管道、设备等一步步分析可能产生的偏差，直至工艺过程结束。

（4）分析原因及后果。以危险化学品或运行操作、维护作业为例，应分析工艺条件（温度、压力、流量、浓度、泄漏、爆炸、静电等）、启动或开工条件（预试、消缺、标志、PPE（个人防护装备）、隔离、试验试转、工序步骤等）、过程监督或验收条件（到岗到位、质检点验收、就地确认签字、终结手续等）、紧急处理（气、汽、水、电、物料、备件、照明、报警、应急等），甚至自然等作业环境条件（风、雨、雷、霜、雾、地质、构建筑物以及其他作业环境条件变更等）。

（5）制定对策。选择经济、合理、切合实际的对策。

（6）明确对策落实的责任方或具体执行人。

危险与可操作性分析法（HAZOP）主要可用于发电企业运行操作、检修作业及设备新改扩科研设计等风险辨识、分析。

4.6.3 故障模式、 失效影响与危害分析法

故障模式、失效影响与危害分析法（Failure Mode Effects and Criticality Analysis，FMECA）包括故障模式与失效影响分析（FMEA）和危害性分析（CA）。20 世纪 50 年代，FMEA 最早应用于航空器主操作系统的失效分析，20 世纪 60 年代美国航天局（NASA）则成功将其应用在航天计划上。之后，广泛用于各行各业的设备或系统失效分析。鉴于 FMEA 方法的作用显著，而后大家在使用的过程中又逐渐引入危害分析（CA），使之更加完善，最后结合为故障模式、失效影响与危害分析三结合的 FMECA。

FMECA 是根据对象的特点，将分析对象划分为系统、子系统、设备及部件等不同分析层级，然后根据不同层级上可能发生的故障模式及其产生的失效影响和危害，以便采取相应的对策，提高系统或设备的安全可靠性。

FMECA 中的有关名词解释如下：

（1）故障：指元件、子系统、系统在运行时，未达到厂家或设计规定的要求，因而完不成既定的功能或完成不佳。

（2）故障模式：系统、子系统或元件发生的每一种故障的表现形式。如阀门故障一般可有 3 种故障模式：内漏、外漏、卡涩。

（3）故障等级：一般是指根据故障模式对系统或子系统影响的程度不同而划分的等级。本书中特指故障模式对设备或人身、系统或生态环境的不同影响程度。

FMECA 流程如图 4 - 9 所示。

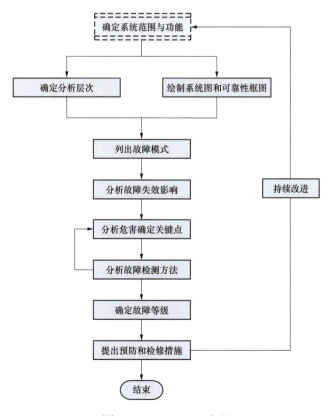

图 4 - 9 FMECA 流程

FMECA 主要可用于发电企业系统、设备故障风险、区域环境风险辨识与分析。

4.6.4　危险分析与关键点控制法

危险分析与关键点控制法（Hazard Analysis and Critical Control Point，HAC-CP）源于食品 HACCP 体系认证，始建于 1959 年，由美国皮尔斯柏利（Pillsbruy）公司和美国宇航局（NASA）共同提出和创立，主要用于控制食品生产过程中可能出现危害的位置或加工工序，是在危害识别、评价和控制方面的一种科学、合理和系统的方法。

发电企业的运行操作、设备检修及各项管理活动过程的风险与食品加工过程危害的控制具有一定的相似性，本书将其引入到对运行和检修作业活动中的风险辨识和关键步序的确认、控制。即在常规性风险识别的同时，结合危险程度判断及以往不安全事件教训，确定运行操作、设备检修及各项管理活动步序中的高危环节，即那些可能极易导致事故发生的工序或工艺，并把其设置成安全见证或质检点（统称为关键工序），对这些关键工序采取额外的强化控制措施降低风险，防止危害的发生。发电企业 HACCP 的应用流程如图 4 - 10 所示。

4.6.5　安全检查表分析法

安全检查表分析法（Safety Check List，SCL）是进行安全检查、发现潜在危险、督促各项安全生态环境法规、制度、标准实施的一个较为有效工具，实际上其他所有危险性分析法、故障模式及失效影响分析法、事件树分析法等都是在此基础上发展起来的。

发电企业可以利用既有的各类安全检查或评价表进行危险有害因素的查找，没有的可以根据辨识对象正确选择分析单元、任务，依据法规、标准、制度和良好实践等专门编制检查表。

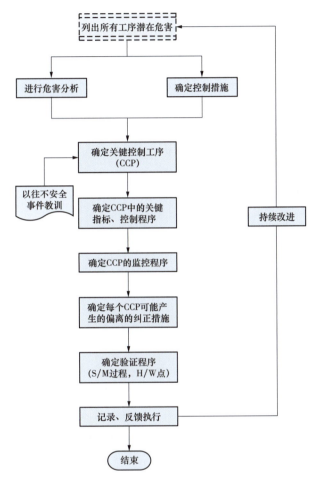

图 4 - 10　发电企业 HACCP 的应用流程

　　编制检查表时，最主要的是要针对辨识对象特征合理划分各子单元和确定具体的检查问题内容项。例如，对典型的火灾安全分析辨识一般确定为三个单元：工艺与设备、火灾安全设施、人员与应急计划；其中对每个单元的检查内容应列举需查明的所有能导致人员、设备、环境事故的不安全状态、行为、环境条件和管理因素，并采用提问的方式，要求只回答"是"或"否"。检查表示例见表 4 - 3。

表 4 - 3　　　　　　　　检查表示例

子单元：设备布置（制氢站区域）				
序号	检查内容与问题	检查结果	发现问题	检查人
1	厂区设备间距是否符合集团、公司、行业或法规要求	□是；□否		
2	设备系统单元内设备/单元间是否有足够间距以使潜在火灾、爆炸影响对邻近区域的影响降至最低	□是；□否		
3	设备之间的间距是否满足维护操作的空间要求（如更换储罐、压缩机检修、吊装管道阀组、设备等）以及动火作业的安全性？ 设备检修是否可以不适用吊装设备（避免因落物等原因对设备管道造成机械损伤）	□是；□否		
4	设备间距是否便于日常操作、巡检或快速逃生（普通身材的操作员是否可以快速通过、到达）	□是；□否		
⋮				

SCL 主要可用于发电企业区域风险、管理风险或单一设备等风险辨识、分析。

4.6.6　头脑风暴法（BS）

头脑风暴法（Brain Storming）最早是指由美国 BBDO 广告公司的奥斯本首创，主要由价值工程工作小组人员在正常融洽和不受任何限制的气氛中以会议形式进行讨论、座谈，打破常规，积极思考，畅所欲言，充分发表看法。在本书中主要用于对复杂风险问题的集体讨论确定。

尽管现实中已有很多科学的分析方法进行风险的辨识，但基于发电企业生产过程及其风险的复杂性、安全领域至今尚有未知性及标准的不完善性等，有些问题是一时无法用定量或定性的标准方法来直接衡量的，故最终还得基于一

定的安全、生态环保经验和教训来判断。发电企业风险辨识头脑风暴过程如图
4 - 11 所示。

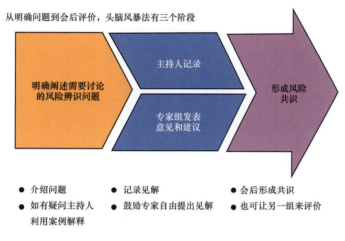

图 4 - 11 发电企业风险辨识头脑风暴过程

具体开展时，应注意以下问题：

（1）选取经验丰富的安全、环保领域资深专家 10 ~ 15 人，还应至少包括
一些学识渊博，对所论述问题风险有较深理解的其他领域专家。

（2）参加人员应有领导、班组长、班员各相应层次。

（3）应有对应生产技术专业骨干人员参加。

（4）允许发表不同意见。

（5）最后应取得共识。

（6）时间为 20 ~ 60min 为宜。

5

风险评价与控制措施

5.1　风险评价的基本方法

风险评价的方法有众多种，一般按照评价结果的量化程度将其分为定性评价法、半定量评价法、定量评价法三种。在具体实践中需根据安全健康与生态环境风险、管理行为风险特性的不同，分别采用定性、半定量、定量或其组合进行风险分析与评价。

5.1.1　定性评价法

定性评价法一般指由具有不同专业知识且熟悉评价系统的专家，凭借各自的理论知识和实践经验，以及掌握的同类或类似系统事故资料，对系统的危险性、事故或故障发生的可能性及其后果的影响进行讨论分析的方法（比如前述提到头脑风暴法）。这种评价方法在实际应用时易受经验、分析判断能力以及可获取资料等影响，评价结果的准确性虽然有时相对较差，但在系统全面分析初期或缺乏可靠数据的情况下，可通过定性评价的方法了解系统的安全程度，找出存在事故的危险因素，对后续风险分析、制定安全对策和隐患整改都有一定益处。

在本书中对于复杂风险问题和简单明确的风险评价即采用了此种定性评价法。

5.1.2　半定量评价法

半定量评价法是指通过对某类系统进行长期研究后建立的，以系统中各类危险有害因素或影响条件为主要变量的数学模型或方法。该方法通常先按一定的原则给予各种危险有害因素或影响条件适当的指数，然后通过计算得到子系统或系统的指数，再根据计算得到的总指数来确定其安全程度。

半定量评价法大都建立在实际经验的基础上，合理判断，根据最后的分值与严重度的乘积进行判定，其可操作性强，还能依据结果或分值有一个明确的级别。本书中的矩阵法就是这种半定量的评价方法。

5.1.3　定量评价方法

定量评价方法通常以系统发生事故的概率和事故后果为基础计算出风险，再以风险的大小来衡量系统风险程度，其中，事故的概率和后果根据实际情况分为若干个指标参数。比如作业条件评价法（LEC 法），即考虑了暴露率、发生的可能性及后果严重度。定量评价方法结果是以大数据统计经科学计算得到的，能够准确地描述系统危险性大小，是一种理想的风险评价方法。但由于生产现场实际情况复杂，许多事故致因因素作用也较复杂，碍于当前科技发展水平，要想彻底搞清楚所有指标参数尚存在一定困难，故其应用也受到一些限制。

实际上，对一个系统进行风险评价的过程中，需要根据系统的特点及复杂性合理选择风险评价方法。在大多数评价中，往往需要定性、半定量、定量多种方法的配合使用。一般首先采用定性评价法，然后依次选用半定量和定量评价法。本书中安全健康风险大多采用了半定量的矩阵法，而对生态环境风险鉴于法规标准的明确性和环境风险个别持续特性，分别采用了是否定性判断法和定量因子评价方法。

5.2　风险程度等级划分

为便于区分风险的不同类型和轻重，也为方便日常生产中现场采取不同手段和有重点地进行管控，需将风险进行不同程度的分级。

5.2.1　安全健康及管理风险

安全健康及管理风险程度根据发生事故的严重程度与发生事故的可能性，常见的一般可划分为极高风险、显著风险、一般风险、可控风险 4 个等级，分别以红、橙、黄、蓝四种安全警示色区分，具体见表 5 - 1。

表 5 - 1　　　　　　　　　　安全健康及管理风险程度划分

序号	风险程度	对应色标
1	极高风险	红
2	显著风险	橙
3	一般风险	黄
4	可控风险	蓝

5.2.2　生态环境风险

根据生态环境风险日常管理特性和实际，生态环境的风险一般可分为极高风险（重要生态环境风险）和可控风险（一般生态环境风险）两个等级。具体见表 5 - 2。

表 5 - 2　　　　　　　　　　生态环境风险等级划分

序号	风险程度	对应色标
1	极高风险	红
2	可控风险	蓝

5.3　安全健康风险评价

本书中，以发电企业风险评价为例，着重介绍矩阵风险评价法。相比于 LEC 评价法，矩阵法主要是额外减去了暴露率的影响。这主要对于基层发电企业而言，从现场管理角度考虑一个员工暴露一分钟和暴露一小时，其风险的管理控制措施要求应是一致的，不会有任何的区别（实际把暴露率都看成 100% 来控制）。另外，矩阵法由于有具体的矩阵分布，一目了然，也易于一线员工理解和掌握，故采用了矩阵法。

5.3.1　风险分析

企业安全健康风险可采用某件事发生的可能性和后果严重度二维半定量风

险矩阵法进行。

1. 可能性风险

安全健康危险有害因素发生的可能性，按照安全健康危险有害因素发生概率大小分成"很不可能""可能性很小""可能，但不经常""相当可能"四个等级，企业具体可按表 5 - 3 选取。

表 5 - 3   事件发生的可能性

等级序号	可能性等级事件	可能性状况描述
1	很不可能	实际不可能或近 10 年内行业内都未发生过的
2	可能性很小	可以设想的，只有完全意外状态下发生的
3	可能，但不经常	3 年内现实行业内已偶有发生过的
4	相当可能	完全可以预料发生的

2. 后果分析

安全健康风险一旦发生后的后果严重度也分为四个等级，具体如下：

危险有害因素一旦发生后可能造成的后果可按表 5 - 4 选取。后果应考虑该危险有害因素有可能导致的最直接后果，当多种后果都可能同时出现时按最严重后果选取。

安全健康的后果依据有关事件、事故等级来划分，但鉴于基层企业允许和可接受程序范围及行业事故一般追责力度，选取一般人身死亡（1 人）和电网一般事故、供热一般事故、较大设备事故及以上，统一作为最高不可承受后果等级。

表 5 - 4   事故、事件可能造成的后果

等级序号	可能造成后果事件	后果状况描述
1	轻微经济损失、未遂、异常	指人员行为后果已发生但侥幸未造成后果或直接造成上级规定的责任性异常、设备异常及尚不构成事故的人身轻微伤或设备损坏
2	人员轻伤、职业损伤或设备障碍	指可能造成人员 2 人及以下轻伤等级、尚不构成职业病的职业损伤或设备一、二类障碍，包括机组非停

等级序号	可能造成后果事件	后果状况描述
3	3 人及以上轻伤，2 人及以下人员重伤、中毒、窒息；职业病或其他设备、火灾、交通一般类事故	指不可能造成死亡，但可能引起群伤、群体事件，职业病或上级规定的一般设备、火灾、交通事故
4	人身死亡或 3 人及以上重伤、中毒、窒息；电网一般、供热一般及以上事故，其他类较大及以上事故	指可能直接造成死亡及群体伤亡，或对电网、供热构成一般及以上事故，或其他较大及以上设备、火灾、交通事故

5.3.2　风险评价

根据得到的可能性和后果严重度，按照表 5 - 5 中的矩阵分别确定风险程度，风险按低到高可分为可控风险、一般风险、显著风险、极高风险。

表 5 - 5　　　　　　　　　　　安全健康风险矩阵

发生可能性	可能后果			
	未遂、异常或轻微经济损失	人员轻伤、职业损伤或设备障碍	3 人及以上轻伤，2 人及以下人员重伤、中毒、窒息、职业病或其他一般类事故	人身死亡或 3 人及以上重伤、中毒、窒息；其他类较大及以上事故；供热、电网一般及以上事故
很不可能	可控风险	可控风险	可控风险	一般危险
可能性很小	可控风险	可控风险	一般风险	显著风险
可能，但不经常	可控风险	一般风险	显著风险	极高风险
相当可能	一般风险	显著风险	极高风险	极高风险

5.4　生态环境风险评价

鉴于生态环境风险具有社会影响敏感性和污染排放指标持续性的特性，企业生态环境风险的分析与评价，可采用定性法和定量法。其风险等级程度分为一般生态环境风险和重要生态环境风险两级；同时，为企业日常管理方便，分别对应安全健康的一般风险和极高风险程度。

5.4.1　定性分析与评价

凡符合以下其中之一者判为重要生态环境风险：

（1）法律、法规严格要求控制排放的。

（2）法律、法规限制使用或限制替代的物质。

（3）生产用主要自然资源、能源的消耗和再利用。如煤的消耗、水的消耗、电的消耗。

（4）生产活动中产生的废弃物属于《国家危险废物名录》。

（5）潜在尚未发生但环境影响后果极为严重的。

（6）相关方产生多次抱怨的。

（7）属于当地有关重点关注区域生态环境问题和社区问题的。

5.4.2　定量分析与评价 （FETC）

无法用定性法分析与评价生态环境风险，可以采用频次、影响、持续时间、控制程度四个因子FETC综合分析法，各分值相加，在10分以上的判为重要生态环境风险。生态环境风险FETC各因子指数具体见表5-6。

表5-6　　　　　　　生态环境风险FETC各因子指数表

活动发生频次（F）		环境影响范围（E）		污染持续时间（T）		可控制程度（C）	
连续性的	5	对全球造成影响	5	$T \geqslant 20$（天）	3	高	3
每天一次	4	对全国造成影响	3	$10 \leqslant T \leqslant 20$（天）	2	中	2
每周一次	3	对本地区造成影响	1	$T < 10$（天）	1	低	1
每月一次	2						
每年一次	1						

5.5　管理风险评价

鉴于管理风险的复杂性和政策法规性特点，企业管理风险可采用半定量评价法（矩阵法）进行。

5.5.1 可能性分析

管理风险行为表现发生的可能性按其概率大小同样分为四个等级，具体可按表 5 - 7 选取。

表 5 - 7　　　　　　　　　　　管理行为事件发生的可能性

序号	可能性等级	可能性状况描述
1	很不可能	实际不可能或行业内近 20 年都未发生过的
2	可能性很小	可以设想的，只有完全意外状态下发生的
3	可能，但不经常	5 年内现实行业内已偶有发生过的
4	相当可能	完全可以预料发生的

5.5.2 后果分析

管理行为发生的后果与个人作业行为后果不同，具有隐形和相对间接特性。管理缺失或失误不但会对本人造成责任的追究、单位考核可能，同时也会间接造成事故的发生。目前有些在进行管理风险评价时只考虑对本人或单位的影响和考核，而不考虑管理风险本身对事故产生的后果影响，这是片面的，也失去了对管理风险辨识的本意和现实意义。

当然，由于管理对事故作用是带有一定的间接性、滞后性，这也对管理可能造成的后果严重度的判断和衡量带来一定难度，需要有一定专业知识和实践经验的专业人士共同来判断。本书从对管理后果严重度判断的实际可操作性和简洁实用性出发，对管理缺失或失误行为表现的后果严重度，采用该管理行为与事故作用的紧密程度（轻微、一般、较大、严重）和可预见的责任追究两个指标来确定。管理风险可能会造成的后果等级可按表 5 - 8 选取。

表 5 - 8　　　　　　　　　　　管理行为可能会造成的后果

序号	可能造成后果	后果状况描述
1	与事故作用的紧密度轻微或被本单位批评教育的	可能产生较轻微的不安全影响，但一般尚不会立即发生事故或只有当长期累积到一定程度后才逐步显现对事故的显著作用；或该管理行为表现会受到本单位内部批评教育的
2	与事故作用的紧密度一般或可能被本单位考核的	可能产生一定的局部不安全影响，且经过一定时间累积后会逐步显现对事故的显著作用，如极有可能会造成未遂、异常、障碍（不包括非停）等不安全事件；或属本单位明令的管理缺失及被本单位内部考核的管理行为表现
3	与事故作用的紧密度较大或上级单位通报、考核的	可能产生较大或系统不安全影响，极有可能会造成轻伤、死亡、职业病或机组非停、一般设备事故、环境投诉、抱怨事件；或属上级单位明令的管理缺失及被上级单位明令批评、通报、考核的管理行为表现
4	与事故作用的紧密度严重或可能会导致被上级单位处罚、处分；或可能会被行政主管部门约谈、通报、处罚、追究刑事责任	可能产生很大不安全影响，极有可能会造成群死群伤事故或其他类较大及以上设备事故；一般及以上环境事件，供热、电网一般及以上事故；或属法律法规明令的管理缺失及被上级单位处罚、处分或行政主管部门明令约谈、通报、处罚或追究刑事责任的管理行为表现

5.5.3　风险评价

根据得到的管理风险发生可能性和后果严重度，按照表 5 - 9 中的矩阵分别确定风险程度，风险按低到高可分为可控风险、一般风险、显著风险、极高风险。

表 5 - 9　　　　　　　　　　　管理行为风险矩阵

发生可能性	可能后果			
	与事故作用的紧密度轻微或被本单位批评教育的	与事故作用的紧密度一般或可能被本单位考核	与事故作用的紧密度较大或上级单位通报、考核	与事故作用的紧密度严重，可能会被上级单位处罚、处分或行政主管部门约谈、通报、处罚、追究刑事责任
很不可能	可控风险	一般风险	显著风险	显著风险

续表

发生可能性	可能后果			
	与事故作用的紧密度轻微或被本单位批评教育的	与事故作用的紧密度一般或可能被本单位考核	与事故作用的紧密度较大或上级单位通报、考核	与事故作用的紧密度严重，可能会被上级单位处罚、处分或行政主管部门约谈、通报、处罚、追究刑事责任
可能性很小	可控风险	一般风险	显著风险	极高风险
可能，但不经常	一般风险	显著风险	极高风险	极高风险
相当可能	显著风险	极高风险	极高风险	极高风险

5.6 风险集成与控制等级划分

大量风险评估中最初进行的是对每个工序或活动、设备部件、系统的单个风险评估，而根据风险预控目的及日常管控需要，企业还需根据任务工序或单元中的工序风险进行风险集成确定整项任务的总体风险等级，并相应列出高危作业、高危区域、高危设备故障部件和高危管理行为，最后集成为高危任务清单。

5.6.1 高危作业任务确定

高危作业任务确定应遵循以下至少一条原则并按照管理层级实行公司（厂）级、部门（车间）两级管控。

（1）工序或子项中存在至少一项极高风险。

（2）工序或子项总显著风险相对集中且 3 项以上的。

（3）存在至少一项显著风险但总体风险集成后风险仍不可接受的。

（4）属于上级单位强调或命令的作业类型。

（5）其他认为应作为重点控制的。

高危作业任务风险集成见图 5 - 1。

图 5-1　高危作业任务风险集成

5.6.2　高危作业任务控制等级确定

高危作业任务可分为公司级（厂级）、部门级（车间级）两个风险控制等级进行日常管控。

1. 公司级（厂级）控制等级

（1）工序风险中含有极高风险的。

（2）上级部门已明确要求企业领导层到岗到位或特别关注的。

（3）本企业以往发生过的事故风险且风险仍尚未消除或得到有效控制的。

2. 部门级（车间级）控制等级

公司级（厂级）控制风险以外的高危作业任务。

5.7　风险控制措施确定

5.7.1　控制措施制定原则

（1）企业应针对每条工序风险制定切实可行的控制措施，控制措施应结合现有法律、法规、规范、标准和上级公司要求制定，并至少考虑从本质安全（设备设施及环境设计规范性、维护保养完整性）、防人因失误（生理、心理、行为）、防管理失误（职责、机制、执行力、监督检查）等物、人、环、管四个屏障方面的闭环要求。

（2）应合理选择并执行设计、工程技术、标准化、管理制度（包括实行两票、监护、标示、警告）、作业标准、教育培训、现场交底、个体防护和应急准备与响应等一种或多种类型的风险控制措施。对于高危风险应优先采用工程技术。

（3）对于显著及极高风险的工序风险，企业应增加考虑目标指标、管理方案制定、技改、管理人员到岗到位、应急预案编制等。

（4）控制措施应针对具体的工作任务、对象或工序、工艺针对性制定，具有可操作性、具体性和针对性，而不是笼统。

5.7.2　现有措施评估

（1）企业应对照 5.7.1 评估现有的控制措施是否充分或是否需要改进、是否需要采取新的控制措施。

（2）企业需要采取新的控制措施或对现有控制措施加以改进时，应遵循风险控制措施层级顺序的原则。即，可行时，优先考虑消除物的高危能量源或危险介质，其次是降低风险（或者通过减少事件发射的可能性，或者通过降低潜在的人身伤害、健康损害及系统设备损坏的严重程度）。企业应将采用个体防护装备作为最终手段。

应用控制措施层级顺序如下：

1）消除—— 改变设计以消除物的能量源或危险介质，如将锅炉水汽的氨 - 联氨联合处理改为加氧处理，以彻底消除联氨这一危险化学介质。

2）替代—— 用低危害物质替代或降低原高危能量源或危险介质，如氨法脱硝中，采用尿素替代液氨，以降低危险性。

3）工程控制措施—— 安装机械防护、联锁保护、隔声罩、电气"五防"（防止误分合断路器、防止带负荷分合隔离开关、防止带电挂接地线、防止带接地线合断路器、防止误入带电间隔）系统、通风系统等。

4）标示、警告和（或）管理措施—— 安全标志标识、危险告知、警告、区域标识、划线、门禁控制、"两票"、作业标准、安全规程、监视、巡查、设备检修维护等。

5）个体防护装备—— 防护服、安全帽、安全带、口罩、手套、防护眼镜、听力防护耳塞、面罩等。

5.7.3　高危作业任务控制措施确定

企业针对评估结果集成的高危作业任务过程风险，在日常管控基础上，需针对性增设制定相应的强化管控措施，设置现场管理介入行为观察程序，实行由安全监督专职人员和管理保障人员的两条线见证观察。公司（厂）级控制等级的执行公司（厂）级领导人员 M2 见证及公司安全监督职能部门专职安全人员（包括其负责人）的 S2 见证，部门（车间）级控制等级的执行生产部门（车间）管理负责人 M1 及部门专职安全监督人员 S1 见证。

管理行为介入行为观察如图 5－2 所示。

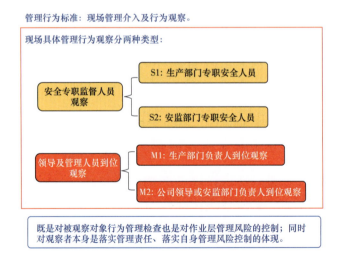

图 5 - 2　管理行为介入行为观察

6

风险预控体系及风险数据库编制

6.1　风险预控体系

风险预控体系包括风险预控模式和管理过程及方法，本章重点简要介绍基于 4M 风险屏障系统的风险预控管理模式及其体系管理过程和方法。

6.1.1　风险预控模式

长期以来，行业内在推行风险预控落地应用中，一般只注重运行、检修作业层面，没有对管理行为不当或缺失的风险像操作层人员那样有工作票、操作票、文件包或消缺工艺卡等作业标准来指导。管理人员到了现场由于没有标准指导，往往自由度较大、管理监督和指导作用不能充分发挥，这大大削弱了风险预控原本应有的贡献和作用，同时也导致了各类事故发生的根源不能很好地消除或控制，结果同样或类似事情反复出现，甚至不断恶性循环。

本书基于多年风险预控经验和实践，结合安全风险数据库的建设，建立了一套集运行、检修作业层与管理层于一体的综合风险预控模式，即 HOMAP 风险预控模式。图 6-1 展示了集运行、检修作业层与管理层于一体的综合风险预控模式架构。

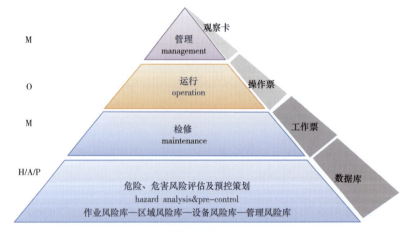

图 6-1　集运行、检修作业层与管理层于一体的综合风险预控模式架构

6.1.2　风险预控体系及其运作方法

风险管理是指针对风险而言采取的指挥、控制和组织的协调活动，其各项要素组成了一个完整的风险预控体系。风险预控管理体系是一个动态的、循环的、系统的、完整的过程。包括建立标准、培训、进行风险评估及其风险数据库的建立，风险的落地应用和动态的风险检查与评审、持续改进。建立标准是指确定风险管理的范围和标准，明确内部和外部有关法律、法规、程序、标准、组织机构、方针、目标等参数的过程；风险数据库的建立过程是指全面排查、分析和风险控制策划过程；风险的落地应用是对照风险数据库的静态基准和实际客观情况动态的结合过程。安全健康生态环境风险预控标准化管理体系的过程和方法具体如图 6 - 2 所示。

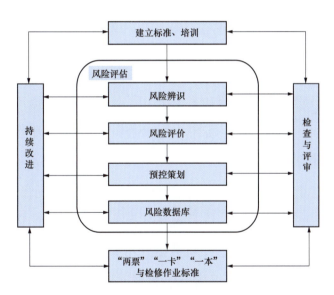

图 6 - 2　安全健康生态环境风险预控标准化管理体系的过程和方法

注　1. "两票"是指运行操作票和检修工作票，包括运行操作方案。
　　2. "一卡"是指管理的行为观察卡。
　　3. "一本"是指员工风险分析预控本。
　　4. 检修作业标准是指检修文件包、工艺卡、方案等。

风险管理和控制的本质是预防及预设应急计划，永远对极端风险做好准备。但是，各项工作活动需要的人力、物力和财力各有不同，故风险管理的精髓就是通过风险辨识、风险分析和风险评价以及风险数据库的建立和落地应用等过程，作出比较科学合理的决策，将更多的资源高效投入到那些较大的风险上，以满足各项安全生产活动的预期需求。

6.2　风险数据库编制

风险数据库是一切风险预控的源泉与基准，要想认真、务实地开展并做好风险预控工作，必须全面进行风险排查并建立基础风险数据库。本书基于"4M风险屏障系统"理论，就策划、建立火力发电企业物、人、环、管四个方面风险数据库进行描述说明，并供大家参考。

6.2.1　风险数据库体系

作为一个集团公司而言，一个完整的风险数据库体系应是集团—子分公司—基层企业三个层级。但集团和子分公司层面的风险数据库仅是一个有效基础范本，为各基础企业提供统一标准和原则指导，真正实用和重要的是各基层企业自身风险数据库的建立。

各基层企业在上级风险库基础上，仍需结合各自企业管理、设备、人员、环境等特点再进行细化，建立与自身现场实际和应用切合的风险数据库并不断进行滚动和动态更新。基层企业风险数据库应按总—分的原则，分别建立企业（厂级）— 部门（车间）— 班组的三级数据库体系，并持续改进。

6.2.2　风险数据库总体架构

企业的风险数据库应包括任务清单、基础工具类别库、风险库主要内容三部分组成，本章重点介绍任务清单建立及风险数据库的设计。风险数据库总体架构如图 6-3 所示。

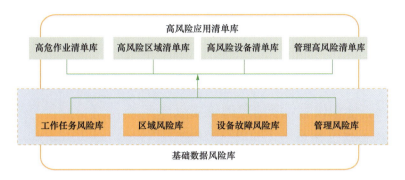

图 6 - 3　风险数据库总体结构

6.2.3　各风险数据库风险定位及界限

按照"4M 屏障"理论，各风险数据库对风险源的辨识与风险评价应各有侧重并相互协调支持。其中，设备风险库、区域风险库、管理风险库既是相对独立风险库，在日常行使对设备故障风险管控、区域出入管理、岗位履责管理等同时，也为工作任务风险库提供支持。而工作任务风险库（运行作业活动风险库和检修作业活动风险库）是集合了区域、管理及自身作业活动风险的、带有一定综合性风险库，主要为日常各项作业活动风险综合管控提供风险支持。

各风险数据库进行风险评估时需按图 6 - 4 所示确定各自辨识定位和界限。

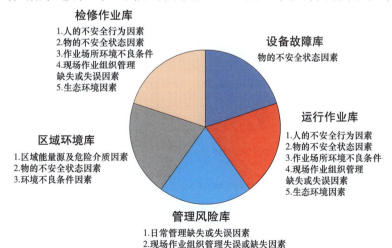

图 6 - 4　风险数据库风险定位及界限

6.2.4　任务清单

企业数据库建设时，首先应梳理、建立、确认风险辨识任务清单。以下以火电企业为例，详细说明任务清单的建立与排查。

1. 运行作业活动清单

运行作业活动清单应按涉及的机、炉、电、灰硫、化学、燃料运行专业排查，包括综合、常规、定期、专项、紧急、日常巡检6个方面，分类示例见表6-1。

表6-1　　　　　　　　　　　运行作业活动分类排查表

专业：

机组启动 大型综合操作	常规操作	定期切换 与试验	专项操作	热态隔离 与异常操作	日常巡检

2. 检修作业活动清单

检修作业活动清单应按专业分类，包括汽轮机、锅炉、电气、热工、化学、燃料、灰硫、供热、消防、土建及其他（包括起重）10个方面，并同时考虑检修、消缺维护、热态隔离检修三种类型。检修作业活动分类排查表见表6-2。

表6-2　　　　　　　　　　　检修作业活动分类排查表

汽轮机 检修			锅炉 检修			电气 检修			热工 检修			化学 检修			燃料 检修			灰硫 检修			供热 检修			消防 检修			土建及 其他检修		
检修	消缺维护	热态检修	检修	消缺维护	热态检修	检修	消缺维护	热态检修	检修	消缺维护	热态检修	检修	消缺维护	热态检修	检修	消缺维护	热态检修	检修	消缺维护	热态检修	检修	消缺维护	热态检修	检修	消缺维护	热态检修	检修	消缺维护	热态检修

3. 系统设备及部件清单

系统设备及部件清单按专业和系统分类，明确涉及设备及其易发故障部件，包括汽轮机、锅炉、电气、热工、化学、供热和消防、燃料、灰硫、土建及起重9个方面，并考虑专业内涉及系统、设备及其故障部件。系统设备及部件分类排查表见表6-3。

表6-3 系统设备及部件分类排查表

汽轮机专业			锅炉专业			电气专业			热工专业			化学、供热和消防			燃料专业			灰硫专业			土建专业			起重专业		
系统	设备	部件	系统	设备	部件	系统	设备	部件	系统	设备	部件	系统	设备	部件	系统	设备	部件	系统	设备	部件	主体	地面	部件	系统	设备	部件

4. 区域清单

区域清单应按网格化区域管理分类,一般可分为通用设备区域、危险化学品区域(如氢站、燃油库)、汽机房区域、锅炉房区域、升压站及出线开关区域、码头及燃料区域、灰硫区域、化水区域、供热区域9个方面,并考虑涉及具体布置位置(各小室或小分区)、相关系统或设备。区域分类排查表见表6-4。

表6-4 区域分类排查表

通用设备区域		危险化学品区域		汽机房区域		锅炉房区域		升压站及出线开关区域		码头及燃料区域		灰硫区域		化水区域		供热区域	
布置位置	相关系统或设备	布置位置	相关系统或设备	布置位置	相关系统或设备	布置位置	相关系统或设备	布置位置	相关系统或设备	布置位置	相关系统或设备	布置位置	相关系统或设备	布置位置	相关系统或设备	布置位置	相关系统或设备

5. 管理岗位清单

按日常管理岗位、现场作业组织管理岗位、安全专兼职管理岗位进行划分。管理岗位分类排查表见表6-5。

表6-5 管理岗位分类排查表

日常管理			现场作业组织管理			安全专兼职管理	
公司级领导层	部门级负责人	基层级(专业/班组长)	项目负责人	"三种人"	高危作业类型	公司级	部门级

注 "三种人"是指工作负责人、工作票签发人,工作许可人。

6.2.5 运行作业活动风险库编制

6.2.5.1 表单设计

企业在进行运行作业活动风险库表单设计时，需同时考虑与运行操作票的衔接，以方便今后导入使用。典型的运行作业活动风险评估模式见表6-6。

表 6-6 典型的运行作业活动风险评估模式表

1 专业名称

1.1 作业项目名称

以往不安全事件教训及经验							
关键步骤和内容							
作业任务							
序号	工序	危险、有害及生态环境因素辨识	风险评估				主要控制措施及行为标准
		（人的不安全行为、物的不安全状态、环境的不良条件、管理缺失或失误及生态环境因素）	危害后果	发生可能性	风险程度	事故类型	
1	作业组织管理风险评估						
2	作业区域环境风险评估						
3	操作准备						
4	…						
5	…						
6	检查闭环						

6.2.5.2 编制要求

企业需按物、人、环、管四个方面要求开展具体的运行作业活动风险辨识和评价，在进行具体辨识、分析、评价、控制措施制定时，应针对运行操作特性进行细化，体现该项作业活动的行为特性和风险特性。

1. 作业项目

风险评估针对具体的作业任务及其活动开展，划分若干工序，明确工作地点及其相关系统、区域，确保风险的针对性。

2. 以往不安全事件教训及经验（固定工序）

找出本项目以往曾发生的事故、不安全事件或值得借鉴的经验，找出主要事故根源（物、人、环、管方面），造成了什么后果、事故定性是什么类别、主要反事故措施是什么等，以警示、提醒。

3. 关键步骤和内容（固定工序）

找出本作业活动中极易引发危险或事故的物、人、环、管方面风险的工序步骤，包括以往不安全事件教训及经验密切相关步骤，重点进行警示、评估。

4. 工序

（1）作业组织管理风险评估（固定工序）：重点对本项运行作业任务的组织分工、发令接令、操作票或方案、技能培训、反事故措施及隐患排查治理等管理风险进行评估。

（2）作业区域环境风险评估（固定工序）：对运行人员进入到该区域可能存在的主要高危能量源、危险介质及其他物的不安全状态及环境不良条件风险进行评估。

（3）操作准备（固定工序）：对操作前期策划、准备中工器具、PPE 等物的不安全状态、人的思想、意识及精神状态等行为风险进行评估。

（4）具体操作步序（可变工序）：根据每一项运行作业任务设定具体的作业步序，针对每一个操作步序及其人员活动中人的不安全行为可能造成的自身、他人及对设备、生态环境造成影响等风险逐项进行评估，重点查找人的不安全行为，从人的行为角度出发，体现主动风险意识。步序的划分与设定应遵循以下原则：

1）步序的设置应与操作票总体顺序相一致；

2）一个作业任务可以是一张操作票，也可以是多张操作票的合成（一个步序对应一张操作票或多个步序对应一张操作票）；

3）相同或类似风险可以合并为一个步序。

（5）检查闭环（固定工序）：每项运行作业的结尾工序，对该系统、设备状态跟踪、PPE、工器具归置及过程中发现设备设施缺陷等未及时闭环风险进行评估。

5. 危险、有害及生态环境因素

针对每项运行作业任务工艺步骤，全方位辨识可能存在的人的不安全行为、物的不安全状态、环境的不良条件、管理缺失或失误及生态环境危害因素风险。一个步序不一定都同时存在以上四个方面的风险，但应确保一个作业任务都包含以上四个方面风险。

6. 危害后果

针对不安全因素明确可能造成的危害后果。根据风险等级评价规定，包括轻微经济损失、轻微伤、未遂、异常、轻伤、重伤、死亡及一般和较大设备事故、供热事故、电网事故、环境污染、职业损伤等。

7. 发生可能性

针对不安全因素事件发生的概率。主要分为很不可能、可能性很小、可能但不经常、很有可能四级。

8. 风险程度

依据危害后果及发生的可能性，按矩阵法判断的风险程度。

9. 事故类型

人身事故按照 GB 6441《企业职工伤亡事故分类》，如中毒窒息、机械伤害、火灾事故等，以及其他未遂、异常、障碍、设备事故、电网事故、供热事故、职业病及环境事件等，点出可能造成的安全、职业健康、环保等事故类型，明确防范事故事件目标。

10. 主要控制措施及行为标准

针对具体风险需明确的行为标准、技术措施和管理措施等，主要侧重于现场需执行的具体措施，其内容直接纳入现场操作票、管理制度或规程中。

6.2.6 检修作业活动风险库编制

6.2.6.1 表单设计

企业在进行检修作业活动风险库表单设计时，应同时考虑与检修工作票、检修文件包、工艺卡等作业标准的衔接，以方便今后导入使用。检修作业活动风险评估模式见表6-7。

表6-7   检修作业活动风险评估模式表

1 专业名称
1.1 检修项目名称

1. 以往不安全事件教训及经验							
2. 关键步骤或内容							
作业项目							
序号	工序	危险、危害源辨识	风险评估				主要组织措施及行为标准
		危险、有害及生态环境因素（人的不安全行为、物的不安全状态、环境的不良条件、管理缺失、生态环境因素）	风险定性分析			事故类型	
			危害后果	发生可能性	风险程度		
1	工作票及指导书评估						
2	作业区域环境风险评估						
3	安全技术交底						
4	现场标准化布置（包括脚手架搭拆）						
5	PPE、工器具及材料准备						
6	⋮						
7	⋮						
8	工完场清及设施完整						

6.2.6.2 编制要求

企业应按物、人、环、管四个方面要求开展具体的检修作业活动风险辨识和评估，在进行具体风险辨识、分析、评价、控制措施制定时，应针对性细化，体现该项检修作业活动的特色和风险特性。

1. 作业项目

风险评估针对具体的检修作业任务及其活动开展，划分若干工序，明确工作地点及其相关系统、区域，确保风险的针对性。

2. 以往不安全事件教训及经验（固定工序）

找出本项目以往曾发生的事故、不安全事件或值得借鉴的经验，找出主要事故根源（物、人、环、管方面），造成了什么后果、事故定性是什么类别、主要反事故措施是什么等，以警示、提醒。

3. 关键步骤或内容（固定工序）

找出本检修作业活动中极易引发危险或事故的物、人、环境、管理的工序步骤，包括以往不安全事件教训及经验密切相关步骤或内容，重点进行警示、评估。

4. 工序

（1）工作票与检修作业标准评估（固定工序）：重点对本项检修作业任务工作票、检修文件包、方案、工艺卡及相关系统图、接线图、逻辑图和资料（如继电保护的定置单、热工的保护定置）的使用、签发、批准、许可、执行、终结等管理执行过程环节的风险进行评估。

（2）安全技术交底：重点对检修作业前的现场安全技术交底的组织开展落实情况，包括其内容完善性、针对性、交底后有否签字以及对新人员变更后是否再交底等风险进行评估。

（3）现场标准化布置：对照检修作业标准化、现场安全文明生产标准化规范的要求，对作业现场隔离、定置管理等 7S 要求，脚手架搭拆等措施是否落实风险进行评估。

（4）作业区域环境风险评估（固定工序）：对检修人员进入到该区域可能存在的主要高危能量源、危险介质及其他物的不安全状态及环境不良条件风险进行评估，包括对设备误碰误动风险。

（5）PPE、工器具及材料等准备（固定工序）：对检修开工准备中PPE、工器具、材料等物的不安全状态，人的思想、意识及精神状态等行为风险进行评估。

（6）具体检修工艺步序（可变工序）：根据每一项检修作业任务设定具体的工艺步序，并针对每一个工艺步序及其人员活动中人的不安全行为可能造成的自身、他人及对设备、生态环境造成影响等风险逐项进行评估。重点查找人的不安全行为，从人的行为角度出发，体现主动风险意识。工艺步骤的划分与设定应遵循以下原则。

1）步序的设置应与检修文件包、工艺卡总体顺序相一致；

2）一个作业任务可以是一个文件包，也可以是多张工艺卡的合成（一个步序对应一张工艺卡或多个步序对应一张工艺卡）；

3）相同或类似风险可以合并为一个工序。

（7）工完场清及设备设施完整（固定工序）：每项检修作业的结尾工序，对照检修标准化、现场文明生产标准化查找不符合行为风险，包括工完场清要求、脚手架拆除、设备清洁、保温恢复、标识恢复、防腐、土建恢复、设备附属接地等设施恢复风险。

5. **危险、有害及生态环境因素**

针对每项检修作业任务工艺步骤，全方位辨识可能存在的人的不安全行为、物的不安全状态、环境的不良条件、管理缺失或失误及生态环境危害因素风险。一个工序不一定都同时存在以上四个方面的风险，但应确保一个作业任务都包含以上四个方面风险。

6. **危害后果**

针对不安全因素明确可能造成的危害后果。

（1）根据风险评价等级规定，人身及设备危害后果包括轻微经济损失、轻微伤、未遂、异常、轻伤、重伤、死亡及一般和较大设备事故、供热事故、电网事故。

（2）职业健康危害后果包括职业损伤、职业病（见职业病目录）。

（3）生态环境危害后果包括水污染、大气污染、噪声污染、土地污染等。

7. 发生可能性

针对不安全因素事件发生的概率。主要分为很不可能、可能性很小、可能但不经常、很有可能四级，其中，生态环境按其自身定性和定量法进行判断。

8. 风险程度

依据危害后果及发生可能性，按安全健康按矩阵法、生态环境定性、定量法判断的风险程度。

9. 事故类型

人身事故按照 GB 6441《企业职工伤亡事故分类标准》，如中毒窒息、机械伤害、火灾事故等，其他按未遂、异常、障碍、设备事故、电网事故、供热事故、职业病及环境事件等。

10. 主要组织措施及行为标准

针对具体风险需明确的行为标准、技术措施和管理措施等，主要侧重于现场需执行的具体措施，其内容直接纳入现场工作票、检修文件包、工艺卡中。

6.2.7　设备故障风险库编制

6.2.7.1　表单设计

企业在进行设备故障风险库表单设计时，应依照本书的要求同时考虑设备全方位、全要素管理的需求（如将设备故障内涵进一步延伸至现场安全文明生产标准化无渗漏、设施完整等要求），从设备故障出发重点明确设备巡查、维护、定期（或状态）检修及工艺控制要求。设备故障风险评估模式见表6-8。

表 6-8　　　　　　　　　　设备故障风险评估模式表

1　专业名称
1.1　系统名称

序号	系统	设备	部件	故障辨识		危害后果分析			风险评估		主要技术措施及管理标准											应急预控措施
											日常巡查			定期维护			定期检修					
				故障现象	故障原因	人身或设备	系统或环保	危害后果	发生可能性	风险程度	标准	方式	周期	标准	方式	周期	标准	关键工序	是否列入计划检修/状态检修	周期	是否列入检修文件包质检点	
⋮																						

6.2.7.2　编制要求

企业需按相关要求开展具体的设备故障风险辨识和评估，设备故障风险库分为管理对象、辨识、后果分析、风险评价、控制措施、应急措施六个方面。在进行具体风险辨识、分析、评价、控制措施制定时，可采用设备故障、失效和危险分析法（FMECA）进行针对性分析评估，确保找准该系统、设备的风险特性。

1. 管理对象

管理对象包括对应的系统、设备和易发故障部件 3 个方面内容。

（1）系统：包含自燃料入厂到电能输出的发电生产全过程，按工艺系统流程进行划分。

（2）设备：包含的具体设备名称，多台相同的设备应统一编制。

（3）易发故障部件：功能性、安全性部件，主要包括风险发生概率较大、风险后果严重的部件。

2. 故障辨识

（1）故障现象：辨识部件所发生的、能被观察或测量到的故障现象，包括运行参数异常、设施缺损等。

（2）故障原因：分析故障产生的原因，包括损坏、老化、松脱、失调、堵塞或渗漏、性能衰退或功能失效、不完整或缺失等。

3. 危害后果分析

（1）对人身或设备影响后果进行分析、判断。包括部件故障后，对该设备功能性、人身安全、健康或文明生产设备完整性的影响后果类型进行判断。

（2）对系统或环保影响进行评估。包括设备故障后，对该系统、机组、电网、周边生态环境或文明生产环境卫生的影响后果类型进行判断。

4. 风险评价

（1）判断故障发生的可能性。很不可能；可能性很小；可能，但不经常；很有可能。

（2）判断后果严重程度。分别选择判断人身、设备、供热、电网、身体环境等严重程度等级，确定后果严重度。

（3）确定风险程度。按照风险发生可能性、后果严重度相结合的矩阵法对部件故障风险进行评价，判定风险等级。

5. 主要技术措施及管理标准

主要技术措施及管理标准包括日常巡查、定期维护和定期检修三种，根据分析评估的结果明确检查方式、周期及标准。

（1）日常巡查。明确日常设备应具备或运行的合格标准；明确日常巡查方式及手段，包括目测、测温、测振等；针对风险程度明确日常的巡查频次。

（2）定期维护。明确定期维护应执行的技术标准；明确定期维护的方式及手段，包括加油脂、定期切换、试验；针对风险程度应明确的维护间隔。

（3）定期检修。包括检修标准、关键工序、周期、是否列入计划检修/状态检修及该工序是否列入检修文件包质检点等。

6. 应急管控措施

应急管控措施指应明确设备部件故障发生后的现场紧急处理方法，包括运行控制、现场临时隔离警示等安全防范措施。另外，对于可能造成极高风险的设备部件故障应明确制定或列入相应的应急预案。

6.2.8 区域环境风险库编制

6.2.8.1 表单设计

企业在进行设备故障风险库表单设计时，需依照有关要求体现区域风险特性，同时为进入该区域的人员（无论是作业人员还是其他进入该区域非作业人员）提供风险预控指导或警示。区域风险评估模式见表6-9。

表 6-9 区域风险评估模式表

1 区域分类名称

序号	区域名称	布置地点	涉及的主要设备或系统	危险有害因素辨识					风险评价			主要管控及行为标准	应急措施
				危险有害因素		危险危害类别							
				能量源或危险介质	物、环境不安全状态及条件	安全	健康	环境	危害后果	发生可能性	风险程度		
1													
2													
3													
4													
⋮													

6.2.8.2 编制要求

企业需按相关要求开展具体的区域风险辨识和评估，区域风险库应明确区域内高危能量源或危险介质、环境不良条件及其他物的不安全状态、区域风险影响类型及发生可能性和后果程度、主要管理措施及行为标准和应急措施等内容。

在进行具体风险辨识、分析、评价、控制措施制定时，可采用安全检查表法（SCL）事先排查区域内所涉及的系统或设备，找准区域风险源，进行针对性分析评估，确保区域风险的针对性和实用性。区域风险应考虑关注异常、紧急等非常态条件下的区域环境因素变化，尤其是当区域内有机组或设备检修、抢修状态下的区域环境风险变化。

1. 区域名称

即大区名称，如汽机房区域、锅炉房区域、灰硫区域。

2. 布置地点

即对应区域单元惯称的相对小区域名称，方便检修开展相应作业的风险联动和导引。如汽机房 0m 区域又可分为给水泵区域、凝汽器区域，锅炉房区域也可再分为空气预热器区域、给煤机区域、捞渣机区域等。

3. 涉及的主要系统或设备

明确区域内相关系统或设备，方便具体作业时风险对应联动，同时从涉及的系统或设备中找出主要风险源。一般不需要对所有系统或设备进行辨识，只要将主要设备或主要潜在、存在风险的系统或设备明确即可。

4. 能量源及危险介质

找出区域内存在的危险源，即能量载体和危险介质，明确因哪些控制不当易导致其意外释放的风险因素，为区域本质安全管理和区域环境的重点风险预控提供方向。

5. 物、环境的不安全状态及条件

找出除上述能量源和危险介质以外的区域内物的不安全状态和环境的不良条件，包括可能极易使人的误碰误动、误入、误使用无线设备等会导致设备跳闸、跳机、火灾等物的不安全状态及区域环境的不良条件。

6. 危险危害类型

明确区域内风险可能导致危险危害的目标，如安全、健康或生态环境方面的影响，对下一步防控指明方向。

7. 主要管控及行为标准

主要针对具体的区域风险，明确主要的区域管控要求及人员的行为标准，包括：

（1）进入区域风险警示。

（2）该区域对相关系统、设备作业时针对性风险预控。

（3）进入该区域人应遵守的行为标准。

8. 应急措施

即该区域紧急应对措施，包括针对该区域能量源或危险介质应采取的应急准备和响应措施（应急预案的需求）。

6.2.9　管理活动风险库编制

6.2.9.1　表单设计

企业在进行管理活动风险库表单设计时，应体现管理活动及其行为风险特性，同时为现场作业管理提供风险预控指导或警示。管理活动风险评估模式见表 6 - 10。

表 6 - 10　　　　　　　　管理活动风险评估模式表

1. 管理岗位

序号	管理活动	管理子项	管理缺失或失误表现及行为辨识	风险评估			主要控制和纠正措施
				危害后果	发生可能性	风险等级	
1							
2							
3							
4							
5							
⋮							

6.2.9.2　编制要求

1. 管理岗位确定

按发电企业管理层级分为日常管理和现场作业组织管理两个层级。

（1）日常管理层岗位包括：

1）总经理（党委书记）、生产副总经理（总工程师）。

2）生产经营部门主任、专业负责人、班组长及其他技术管理岗位人员。

3）安监部门主任、安监部门专职安全管理人员、部门专兼职管理人员。

（2）现场作业组织管理岗位包括：

1）项目负责人、项目技术负责人、项目专职安全管理人员、专责安全监护人。

2）工作票签发人、工作票许可人、工作负责人。

2. 管理活动确定

根据每个岗位的管理职责，管理活动一般可分为安全管理、职业健康管理、生态环保管理、设备管理、运行管理、检修管理、风险评估与隐患排查管理、事故与应急管理、持续改进管理等。

3. 管理子项确定

根据对应的管理活动，对照国家及上级有关规定确定相应的子项，如总经理安全管理活动子项一般可包括：

（1）目标责任制。

（2）组织机构与体系。

（3）管理制度、规程与标准。

（4）教育培训。

（5）安全投入。

（6）日常检查。

（7）危险作业到位管控等。

4. 需管理人员到场重大特殊作业活动确定

重大特殊作业活动一般包括：

（1）重特大（含特殊）起重吊装作业。

（2）一级动火作业。

（3）高危有毒有害受限空间作业。

（4）大型（特殊）脚手架搭、拆、升降平台安装。

（5）抢修作业。

（6）大型技改施工作业。

（7）大型水下作业。

（8）技改、检修后机组或重要辅机、单元首次启动和并网。

（9）大型试验：包括机组水压试验、重大联锁保护试验。

（10）重大倒闸操作。

（11）维稳保电。

（12）其他高风险作业。

5. 主要控制和纠正措施

全面辨识管理缺失或失误行为表现，审查管理环节各组成部分，填写与管理规定的偏差、潜在的原因以及偏差可能造成的结果。通过使用合适的引导词，系统性分析管理环节的各个部分对实现管理目标的影响。

在描述风险中，管理活动风险引导词见表6-11。

表6-11 管理活动风险引导词

引导词	说明
一、管理缺失表现及行为辨识	
⋯⋯制度（规程）缺失	为实现某个管理目标规定组织内各机构及对应岗位必须依照执行的程序文件（管理制度）没有
⋯⋯未履行/未执行	规定本岗位履行的职责没有履行；规定本岗位需要遵守执行的要求未执行。该管理行为无须向下一级延伸

续表

引导词	说明
一、管理缺失表现及行为辨识	
……未开展	根据相关要求必须在本企业、本部门、本班组（各层级管理机构）组织实施的管理活动（如绩效考核、演练、检查）没有组织实施
……未参加、未参与	本企业、本部门、本班组（各层级管理机构）组织实施的管理活动，个人没有参加、参与
……未建立	规定需要设立的管理组织体系（包括为实现某个管理目标常设或临时设立的）、管理机制没有组建、建立
……未建档、建档不全	规定需要建档的文档等没有建档。文档的记录、留存不符合要求
……不健全	组织体系岗位、人力资源的组成不合理或有欠缺；管理机制不完整
……未明确	某项管理活动、具体的管理流程包括各层级的管理机构、岗位职责、要求未在相关制度、规定等载明
……未配备	组织体系中人力、物力的配置不符合条件
……抵触	组织与相关方（行政主管部门、上级公司、承包商）、组织内部下级与上级之间管理活动的要求不一致或者下级的标准低于上级的标准
……不规范	制度、方案等编制的流程没有严格执行制度规定的标准
……未落实	上级单位的相关规定没有在组织的管理活动中贯彻落实
……未决议、审核、审定、审批	职责规定要求履行并对此承担责任的决议进行审核、审定、批准工作未履行确切程序
……未掌握	规定本企业、本部门、本班组（各层级管理机构）实施的管理活动，负责人没有全面掌握相关信息
……不合理	组织所确定的管理制度、要求以及为实现要求而制定的措施与上级规定、生产实际不符
……执行不力	本单位的相关规定没有严格执行，管理绩效差
……未制定	计划、目标、措施、方案未制定
……运作不良	特指体系、机制的运作未发挥应有的作用
二、主要控制和纠正措施	
负责组织……	是该项管理活动的第一责任人，具体工作以任务方式布置给下一层级管理部门或下一级管理岗位，由下一级管理岗位负责工作任务的执行或布置下发
协助……	帮助、辅助该项管理活动的责任人具体落实管理工作

引导词	说明
二、主要控制和纠正措施	
组织……	代表本管理层级接受上级的工作任务，是该项管理活动的直接责任人，负责该项工作任务组织实施
督促……	相关制度中规定的职责、工作任务，上级对下级的监督、催促
根据……	根据某某制度或规定等执行
检查……	上级、监督部门对管理活动的责任部门或岗位实施情况进行确认
指导……	上级对管理活动的责任部门或岗位就具体工作提供建设性意见、建议
监督……	监督、管理部门对管理活动的责任部门或岗位所进行的监察、督察，并纠正偏差

附录 A

《运行作业活动风险评估预控分册》编制示例

表 A.1 机组日常操作调整

以往不安全事件教训及经验	某发电厂某机组深度调峰运行时，因参数监视不到位，导致调节系统发散，事故预想不到位，发生被迫停机事故						
关键步骤和内容	1. 机组深度调峰时 NO_x 排放浓度监视；2. 低负荷稳燃调整与监视；3. 给水泵运行调整与监视。						
作业任务	机组日常操作调整（以深度调峰运行行为例）						
序号	工序	危险、有害及生态环境因素	风险分析与评价				主要控制措施及行为标准
			危害后果	发生可能性	风险程度	事故类型	
1	作业组织管理风险评估	日常培训制度不完善或落实不到位，未对改造后的新设备、新系统开展培训	异常	可能性很小	可控风险	异常	1. 定期开展日常培训与学习；2. 每年至少开展一次在岗考试；3. 及时对改造后的新设备、新系统开展培训
		未对机组深度调峰运行注意事项修订并颁布	设备障碍	可能性很小	可控风险	障碍	1. 编制深度调峰运行注意事项并颁布；2. 进行相关培训、考试
		异动执行后，运行规程未及时修改	设备障碍	可能性很小	可控风险	障碍	1. 异动执行后，运行规程应及时修改；2. 通过各种途径对相关人员进行培训
		深度调峰防止非停反事故措施未落实	设备障碍	可能性很小	可控风险	障碍	1. 组织学习机组深度调峰运行时非停等相关事故案例；2. 颁布针对性对性反事故措施；3. 建立反事故措施闭环管理机制；4. 定期对反事故措施落实情况进行检查监督

续表 A.1

序号	工序	危险、有害因素及生态环境因素	风险分析与评价				主要控制措施及行为标准
			危害后果	发生可能性	风险程度	事故类型	
2	作业区域环境风险评估	照明灯不亮、失去，照度不足	人员轻伤	可能性很小	可控风险	人身事故	1. 发现照明灯失去应查明原因，及时通知检修处理恢复； 2. 做好年度照度定检，不合格及时列入整改计划
		安全通道堆放物品易绊倒人员	人员轻伤	可能，但不经常	一般风险	人身事故	1. 发现杂物应及时通知检修清理安全通道，保持通畅； 2. 作业或行走要要集中注意力，避免绊跤
3	作业准备	从事禁忌作业	人身死亡、设备异常	很不可能	一般风险	人身事故、异常	1. 上岗前进行相关职业禁忌体检； 2. 出现禁忌作业状况，按规定禁止作业
		人员健康状况异常	人身死亡、设备异常	很不可能	一般风险	人身事故、异常	1. 作业前确认作业人员健康状况适宜工作； 2. 发现异常，按规定禁止作业
		人员情绪异常	人身死亡、设备异常	很不可能	一般风险	人身事故、异常	1. 作业前确认作业人员情绪稳定； 2. 发现情绪异常，按规定禁止作业
		机组深度调峰运行安全技术交底未开展、交底不明确	设备障碍	可能性很小	可控风险	障碍	1. 进入深度调峰运行前，管理、技术专业人员按规定要求对相关风险进行详细评估、梳理； 2. 运行高岗位管理人员向机组被交底人进行再确认； 3. 明确指挥权限及任务分工，严禁违章指挥，遭自操作； 4. 按要求对设备状态进行核实确认；对联锁保护等重要设施进行专项交底并明确随意解除不得随意解除，检查确认相关控制方式正常； 5. 恢复至正常运行方式时，检查确认相关参数正常，机组各运行参数正常； 6. 做好与调度沟通工作，尽早恢复机组正常运行状态

续表 A.1

序号	工序	危险、有害及生态环境因素	风险分析与评价				主要控制措施及行为标准
			危害后果	发生可能性	风险程度	事故类型	
3	作业准备	事故预想未开展或规定开展操作和事故预想不充分	设备障碍	可能性很小	显著风险	障碍	操作前，按规定开展操作和事故预想
		机组进入深度调峰未及时通知相关辅控专业	设备障碍	可能性很小	可控风险	障碍	机组进入深度调峰调前，及时通知相关辅控专业做好准备
		工器具、个人防护用品缺陷	人员重伤	可能性很小	一般风险	物体打击	巡检和班组安全员共同检查，确保工器具、个人防护用品合格
4	深度调峰锅炉燃烧系统相关操作	未关注炉膛燃烧工况，导致燃烧不稳、锅炉灭火	设备障碍	可能，但不经常	一般风险	障碍	1. 深度调峰运行时要保证炉膛燃烧稳定安全，加强对炉膛着火情况的监视，包括微油燃烧器的着火稳定性、炉膛火焰监视器的燃烧情况以及炉膛压力参数的变化趋势等，发现燃烧不稳应投油或投等离子装置进行燃烧； 2. 投运油助燃通知灰场或电除尘电场应投设备进行相关辅控，以便灰硫辅控人员及时根据规定对电除尘电场等设备进行相关调整； 3. 合理调整磨煤机出力，防止磨煤机出现振动、堵煤、低风量等异常情况，造成对锅炉运行大的扰动，做好相应的事故预想； 4. 如遇阴雨天气，做好磨煤机组堵煤跳闸后的事故预想，堵煤措施，做好磨煤预想； 5. 开启高低压旁路系统，增加蒸汽流量，提高炉膛燃烧的稳定性； 6. 加强就地观火，关注排烟烟色

续表 A.1

序号	工序	危险、有害及生态环境因素	危害后果	风险分析与评价		事故类型	主要控制措施及行为标准
				发生可能性	风险程度		
4	深度调峰锅炉系统相关操作	未及时调整引风机的极端工况参数，风机失速	设备障碍	可能，但不经常	一般风险	障碍	1. 进入深度调峰时，关注引风机的最低转速，低负荷阶段应注意转速调节有一定的裕量，若转速太低，可适当关小引风机的进口静叶； 2. 深度调峰阶段适当增加锅炉的总风量，以增加引风机处的烟气流量，防止引风机被闷住的现象出现
		未监控送风机相关参数，自动调节平衡失常，风机失速	设备障碍	可能，但不经常	一般风险	障碍	1. 进入深度调峰时，关注送风机相关参数，包括动叶开度、电动机电流等，应注意送炉膛总风量在限值以上并有一定的裕量，防止风机被闷住的现象出现； 2. 由于总风量低，导致送风机出口压头不够，难以实现分级送风的目的，应尽快关小运行层燃烧器对应的小风门开度，开大过燃风门的开度
		未监控一次风机相关参数，自动调节平衡失常，风机失速	设备障碍	可能，但不经常	可控风险	障碍	1. 关注一次风机相关参数包括动叶开度、电动机电流等； 2. 应注意动叶调节有一定的裕量，防止风机被闷住的现象和另一台一次风机被闷住的现象出现
		未监控机组的NOx及烟尘排放浓度，导致环保参数超标	烟尘参数超标	—	极高风险	环境事件	1. 合理调整锅炉燃烧工况，出口烟气温度的变化情况； 2. 脱硝系统可能会因进口烟气温度低而撤出，应采取减少吹灰和分散汽温加热的方式，适当增加锅炉总风量，提高再热蒸汽温度及增大尾部烟道再热器侧的烟气调节挡板开度方法，提高脱硝系统进口烟气温度，保证脱硝系统维持运行，避免NOx超限环保考核； 3. 及时通知灰硫辅控人员调整除尘系统运行方式，确保烟尘排放符合要求

续表 A.1

序号	工序	危险、有害因素及生态环境因素	风险分析与评价				主要控制措施及行为标准
			危害后果	发生可能性	风险程度	事故类型	
4	深度调峰锅炉系统相关操作	主/再热蒸汽温度、锅炉壁温严重超温	设备障碍	可能性很小	可控风险	障碍	1. 机组深度调峰运行期间加减负荷要平稳，加强对各参数的监视，注意主/再热蒸汽温度的控制，防止超温现象的发生； 2. 防止受热面管壁超温，必要时可适当降低蒸汽温度，但应确保减温器后蒸汽温度不低于对应压力下的饱和温度； 3. 直流炉应加强水燃比的调整，控制屏式过热器出口的蒸汽温和壁温，必要时将水燃比撤至手动控制
		空气预热器卡涩、停转，空气预热器差压异常升高	设备障碍	可能性很小	可控风险	障碍	1. 机组深度调峰时，应加强就地空气预热器、暖风器（如投运）运行情况的监视，防止空气预热器扇形板与转子摩擦，卡涩及暖风器水击； 2. 加强关注影响空气预热器差压变化的参数监视，空气预热器差压异常上升采用投运预热器冷端吹灰器连续吹灰方式； 3. 根据实际工况，及时将空预器扇形板提至高位，调整暖风器进汽与疏水； 4. 关注 SCR（选择性脱硝还原）系统喷氨情况，尽量避免过度喷氨对 SCR 的下游设备空气预热器的差压构成威胁，加强就地检查，DCS（分散控制系统）参数控制

续表 A.1

序号	工序	危险、有害因素及生态环境因素	风险分析与评价				主要控制措施及行为标准
			危害后果	发生可能性	风险程度	事故类型	
5	深度调峰汽轮机系统相关操作	未对给水泵运行情况有效监控，导致相关控制参数调节发散，主燃料跳闸	设备障碍	可能，但不经常	一般风险	障碍	1. 加强关注给水泵运行情况，防止给水流量控制振荡发散；2. 加强关注给水泵自动调节状态（给水流量低于限制时，给水调节自动跳出）；3. 适当打开给水泵再循环阀以增加流量，必要时水位控制撤至手动进行调节
		汽轮机轴封供汽温度、压力不当，导致机组振动上升	设备障碍	可能性很小	可控风险	障碍	1. 机组深度调峰时，注意轴封供汽温度和压力，必要时开启主蒸汽混温或投运轴封电加热器；2. 控制轴封供汽温度不宜过高
		汽轮机防进水保护动作	设备障碍	可能性很小	可控风险	障碍	1. 关注防进水保护相关阀门状态，避免防进水保护动作，给机组运行带来扰动；2. 关注各加热器疏水调节阀动作正常
		凝结水泵变频调节失常	设备障碍	可能性很小	可控风险	障碍	1. 关注凝结水泵变频调除氧器水位的调节品质，必要时切换至凝结水泵变频调凝结水压力方式，并适当降低除氧器水位定值；2. 凝结水再循环调节阀开启时，关注凝结水管路振动情况；关注低压加热器水位运行情况，防止加热器水位高撤出

138

续表 A.1

序号	工序	危险、有害及生态环境因素	风险分析与评价				主要控制措施及行为标准
			危害后果	发生可能性	风险程度	事故类型	
6	深度调峰电气系统相关操作	电网电压高，机组进相运行，参数超限	异常	可能性很小	可控风险	异常	1. 电网系统出现高电压现象时，应根据电压变化趋势及时调整机组励磁；2. 机组进相运行时，控制进相额度不大于限值，同时注意控制机端电压不大于规定值
		锅炉不稳燃油枪着火不稳定或等离子助燃不稳定	异常	可能性很小	可控风险	异常	1. 多台机组进入需投油的深度调峰阶段时，应避免同时投油，以防止炉前燃油压波动而导致油泵跳闸；2. 加强与油库联系，确保油箱油位正常，油泵运行及备用正常；3. 检查确认等离子点火装置正常，加强监视和现场观火
7	深度调峰辅控系统相关操作	配煤准备不足，深度调峰时，制粉系统不稳定	设备障碍	可能性很小	可控风险	障碍	1. 深度调峰前做好配煤工作，投运磨煤机组，关注制粉系统的稳定性，宜掺烧热值较低的煤种（保证原煤仓位热值＞规定限值）；2. 防止锅炉掉大渣，加强现场结渣情况的检查；3. 吹灰系统的投用按相关规定额定50%额定负荷以上进行安全吹灰
		灰硫设备不正常，导致环保参数超标	烟尘参数超标	—	极高风险	环境事件	1. 深度调峰时确认电除尘加热的工作情况正常；2. 根据相关规定，确保灰硫辅控设备用汽需求

续表 A.1

序号	工序	危险、有害及生态环境因素	风险分析与评价				主要控制措施及行为标准
			危害后果	发生可能性	风险程度	事故类型	
7	深度调峰辅控系统相关操作	液氨蒸发器压力高	人身死亡、大气污染	—	极高风险	中毒窒息、火灾、环境事件	一旦发生脱硝装置退出运行，及时通知化学，确保液氨系统运行安全可靠
		供热不安全	设备障碍	可能性很小	可控风险	障碍	机组深度调峰时，关注供热压力和流量，及对外供热参数调整，保证机组安全运行，兼顾供热安全
		低负荷长时间运行，汽轮机部分调节汽门关闭，开启时引起汽轮机振动高、跳机	设备障碍	可能性很小	可控风险	障碍	1. 低负荷长时间运行时，定期操作相关专业手动开启处于关闭状态的阀门，关注汽轮机各运行参数变化情况；2. 定期开启调节汽门前疏水阀门进行疏水
8	检查闭环	未确认机组各排放环保指标在正常限值内	大气污染	—	可控风险	环境事件	1. 检查确认机组各排放环保指标在正常限值内；2. 排放环保指标异常时及时调整，并做好相关记录
		未确认运行设备参数正常	设备障碍	可能性很小	可控风险	障碍	1. 检查确认运行设备各参数正常；2. 参数异常时及时调整设备工况，确保在深度调峰工况下的安全稳定运行
		设备缺陷未及时处理	未遂	可能性很小	可控风险	未遂	发现缺陷应及时按规定录入或联系人处理

表 A.2

引风机投运

以往不安全事件教训及经验	某发电厂某机组轴流式引风机发生飞车事故，事后检查发现引风机的风机壳及入口烟道处有大量积灰
关键步骤和内容	1. 引风机启动前本体及烟风道检查；2. 引风机投运及调整；3. 第二台引风机启动后并入系统
作业任务	引风机投运

序号	工序	风险分析与评价					主要控制措施及行为标准
		危险、有害及生态环境因素	危害后果	发生可能性	风险程度	事故类型	
1	作业组织管理风险评估	引风机系统异动执行后，运行规程、系统图未及时修改	设备障碍	可能性很小	可控风险	障碍	1. 异动执行后，及时修改运行规程、系统图内相关内容；2. 通过各种途径对相关人员进行培训
		日常培训制度不完善或落实不到位，未对引风机改造后的新设备、新系统开展培训	异常	可能性很小	可控风险	异常	1. 定期开展日常引风机投运培训与学习；2. 每年至少开展一次在岗考试；3. 引风机及其相关系统技改后，及时对改造后的新设备、新系统开展培训
		引风机启动相关反事故措施未落实	设备障碍	可能性很小	可控风险	障碍	1. 组织学习引风机启动等相关事故案例；2. 颁布针对性反事故措施；3. 建立反事故管理机制；4. 定期对反事故措施落实情况进行检查监督

续表 A.2

序号	工序	危险、有害及生态环境因素	风险分析与评价				主要控制措施及行为标准
			危害后果	发生可能性	风险程度	事故类型	
2	作业区域环境风险评估	附近存在高温高压管道及介质	人员重伤	可能性很小	一般风险	灼烫	1. 在高温高压管道及介质区域做好风险提示；2. 做好高压管道、阀门定检工作；3. 快速通过高温高压阀区域，减少逗留
		润滑油管道突然破裂	一般设备事故	可能性很小	一般风险	火灾	1. 做好润滑油管道定期检查工作；2. 及时采取措施隔离油泄漏点；3. 根据实际情况启动跑油、火灾应急预案
		电动引风机本体噪声	噪声聋	可能性很小	一般风险	职业病	1. 佩戴防噪声耳耳机、耳塞；2. 避免长时间逗留高噪声区域
		照明灯不亮、失去，照度不足	人员轻伤	可能性很小	可整风险	人身事故	1. 发现照明灯失去应查明原因，及时通知检修处理恢复；2. 做好年度照度定检，不合格及时列入整改计划；3. 巡检等就地检查、操作、佩戴手电筒等临时照明
		转动部件	人员重伤	可能性很小	一般风险	机械伤害	1. 设备的转动部分（包括轴端）必须装设防护罩，并标明旋转方向；2. 对缺损或变形等的防护罩应及时修复，修复前设置"禁止靠近"安全警示标识；3. 检查站时，注意站在侧向安全位置或保持安全距离

续表 A.2

序号	工序	危险、有害因素及生态环境因素	风险分析与评价				主要控制措施及行为标准
			危害后果	发生可能性	风险程度	事故类型	
3	作业准备	从事禁忌作业	人身死亡、设备异常	很不可能	一般风险	人身事故、异常	1. 上岗前进行相关职业禁忌体检; 2. 出现禁忌症状况，按规定禁止作业
		人员健康状况异常	人身死亡、设备异常	很不可能	一般风险	人身事故、异常	1. 作业前确认作业人员健康状况适宜工作; 2. 发现异常，按规定禁止作业
		人员情绪异常	人身死亡、设备异常	很不可能	一般风险	人身事故、异常	1. 作业前确认作业人员情绪稳定; 2. 发现情绪异常，按规定禁止作业
		未选用对应的操作票	异常	可能性很小	可控风险	异常	1. 选用操作票时认真核对系统设备、操作内容; 2. 按规定要求履行审批把关手续
		引风机启动前安全技术交底未开展，交底不明确	异常	可能性很小	可控风险	异常	1. 作业前交底人按规定要求对相关引风机投运作业风险进行详细评估、梳理; 2. 交底后，交底人向被交底人进行再次确认; 3. 明确指挥权限及任务分工，严禁违章指挥，擅自操作; 4. 对被操作设备的名称进行重复确认，防止跑错间隔或误点误操; 5. 必须按要求对设备状态进行核实确认; 6. 加强就地与集控室之间的联系
		操作预想未开展或者不充分	异常	可能性很小	可控风险	异常	操作前，按规定开展操作预想
		设备投运前未办理工作票终结（或未办理押回）	人身死亡、一般设备事故	可能性很小	显著风险	人身事故、设备事故	1. 发令人应确认工作票终结（或已办理押回）; 2. 操作人、监护人发现问题应及时向发令人汇报
		工器具、个人防护用品缺陷	人员重伤	可能性很小	一般风险	物体打击	操作人和监护人共同检查，确保工器具、个人防护用品合格

续表 A.2

序号	工序	危险、有害因素及生态环境因素	危害后果	发生可能性	风险程度	事故类型	主要控制措施及行为标准
4	引风机启动前本体及烟道检查	未确认风道人孔门状态	异常	可能性很小	可控风险	异常	加强检查，确认风道人孔门均处于关闭状态
		未确认引风机进出口/旁路挡板状态	设备异常	可能性很小	可控风险	异常	通过现场和DCS比对确认设备挡板状态正确
		高处设备无操作平台	人身死亡	可能性很小	显著风险	高处坠落	1. 发现类似缺陷按规定警示、填报、处理；2. 作业前进行风险辨识，禁止进入危险区域
		挡板、调节机构状态显示不准确	设备障碍	可能，但不经常	一般风险	障碍	1. 加强各挡板、调节机构就地和远方信号比对；2. 如状态显示不一致应及时联系消缺
		未检查进口静叶调节机构正常	异常	可能性很小	可控风险	异常	1. 风机启动前应进行进口静叶全行程活动性试验；2. 就地与DCS开度应进行比对，确认调节机构指示准确
		未按规定在第一台引风机启动前，投运电除尘和浆液循环泵	设备损坏、大气污染	—	极高风险	设备事故、环境事件	第一台引风机启动前，应提前联系灰硫值班员，投运电除尘及浆液循环泵，防止锅炉及烟道内积存的粉尘对吸收塔及大气造成污染

续表 A.2

序号	工序	危险、有害 及生态环境因素	风险分析与评价				主要控制措施及行为标准
			危害后果	发生 可能性	风险 程度	事故类型	
5	引风机 控制油/ 润滑油 系统投运	设备检查不到位，未确认阀门状态	设备异常	可能性 很小	可控 风险	异常	1. 仔细检查，确认油系统阀门状态正确； 2. 确认油系统投运后，设备运行状况正常，各运行参数均在设计范围内
		油系统投运后管道或轴承漏油	设备损坏、设备障碍	可能，但不经常	一般 风险	设备损坏、火灾	1. 做好润滑油管道定检； 2. 油系统启动后，运行人员对轴承、法兰、接头加强检查； 3. 发现泄漏及时隔离泄漏点，并通知消缺
		油系统启动后未将备用油泵投入联锁	设备障碍	可能性 很小	可控 风险	障碍	1. 操作票中应明确增加备用泵投联锁条目； 2. 操作人、监护人共同确认备用油泵投入自动启动联锁
		油箱液位信号等显示不准确	异常	可能性 很小	可控 风险	异常	1. 加强就地油位计和远方油位信号比对，偏差大及时联系消缺； 2. 油位低及时加油
		滤网切换三通阀未到位，导致液压、润滑油压力低	异常	可能性 很小	可控 风险	异常	1. 加强三通阀定检，确认限位准确； 2. 加强对三通阀切换操作及原理技能培训，提高实操能力，确保阀门操作到位； 3. 操作切换时，发现位置指示不清应暂停操作，待相关技术人员确认后，方可继续； 4. 滤网切换后确认润滑油压力正常

续表 A.2

序号	工序	危险、有害及生态环境因素	危害后果	发生可能性	风险程度	事故类型	主要控制措施及行为标准
				风险分析与评价			
5	引风机控制油/润滑油系统投运	未能正确判断风机本体/电动机本体油杯或牛眼油位计中的油位信号	设备障碍	可能，但不经常	一般风险	障碍	1. 油系统投运前确认油杯中油应在2/3左右高度； 2. 引风机油系统投运后，应注意观察风机/电动机牛眼油位计中油位明显上升，且有波动现象； 3. 如液油位计脏污等原因，导致真实油位无法判别时，应联系检修进行共同确认，并填写缺陷
		引风机启动前，未确认电动机绝缘良好	设备障碍	可能性很小	一般风险	障碍	1. 加强监护，操作人和监护人共同确认电气设备绝缘合格后才能送电； 2. 对于设备停运时长超过规定绝缘周期的电动机，启动前需进行绝缘测试，并在登记本中做好记录； 3. 引风机启动前，操作员应查阅绝缘登记情况，确认绝缘良好
6	引风机投运及调整	风机启动前强行解除电机联锁保护	设备障碍	可能，但不经常	可控风险	障碍	1. 加强监护，严禁置自解除设备联锁保护； 2. 机组大修期间，应严格按进行设备联锁试验，确保联锁保护正确，可靠
		开错挡板或开错次序	异常	可能性很小	可控风险	异常	1. 严格执行操作票和操作规程规定的顺序，按序开启引风机进出口挡板； 2. 机组长或技术人员加强监护，减少误操作发生的可能

续表 A.2

序号	工序	危险、有害及生态环境因素	风险分析与评价				主要控制措施及行为标准
			危害后果	发生可能性	风险程度	事故类型	
6	引风机投运及调整	引风机进口挡板操作速度过快	异常	可能性很小	可控风险	异常	1. 密切关注投运引风机进口挡板前、后的压力,进行挡板调整; 2. 引风机进口挡板操作过程中,应关注炉膛负压等参数的变化情况,并确保各项参数稳定、缓慢开启
		风机出力上升后,未至风机就地检查风机振动、轴承漏油、风机本体/电机地脚螺栓松动等缺陷	异常	可能性很小	可控风险	异常	1. 风机出力上升后,运行人员(首次检修后,包括设备技术投运操作人员等)应至就地确认: (1)风机振动正常,风机本体/电动机地脚螺栓牢固、可靠; (2)风机/电动机各轴承无漏油现象,轴承温度正常,轴承牛眼油应计指示正确,有油流金属摩擦; (3)注意就地检查引风机无金属摩擦; (4)就地查听轴承、轴封处的转动声音,检查调节机构调节正常 2. 运行中,运行人员应持续加强跟踪和各项参数监视
		未确认相邻系统、设备运行是否正常	异常	可能,但不经常	可能,可控风险	异常	1. 加强引风机投运操作技术培训; 2. 投运后,操作人员应及时确认相关系统运行工况; 3. 其他相关人员应配合加强设备监视或及时维护提醒

147

续表 A. 2

序号	工序	危险、有害因素及生态环境因素	危害后果	风险分析与评价			事故类型	主要控制措施及行为标准
				发生可能性	风险程度			
6	引风机投运及调整	挡板开关状态等信号显示不准确	设备障碍	可能性很小	一般风险		障碍	1. 仔细检查，确认风机启动后挡板开关状态前后有变化；2. 加强各挡板就地和远方信号比对，状态显示不一致应及时联系消缺
		引风机启动前，未确认电机绝缘良好	设备事故	可能性很小	一般风险		设备事故	1. 加强监护，操作人和监护人共同确认电气设备绝缘合格后才能送电；2. 对于设备停运时长超过规定测绝缘期限的电动机，启动前需进行绝缘测试，并在登记本中做好记录；3. 引风机启动前，操作员应查阅绝缘登记情况，确认绝缘良好
		烟尘排放	大气污染	—	极高风险		环境事件	1. 集控人员加强与灰硫控制室联系，引风机启动前后，应及时通报情况和下达指令；2. 灰硫人员应调整灰硫辅控除尘系统运行方式，确保烟尘排放符合要求
7	第二台引风机启动后并入系统	风机调节机构开度等反馈信号显示不准确	设备障碍	可能，但不经常	一般风险		障碍	1. 仔细检查，并就 DCS 上信号与就地风机调节机构实际开度进行核对，确保一致；2. DCS 上风机调节机构指令与反馈偏差大时，应停止继续反向操作，并查明原因，防止调节机构反馈突然翻转随指令变化，引起炉膛负压大幅波动；3. 开度显示不一致应及时联系消缺

续表 A.2

序号	工序	风险分析与评价					主要控制措施及行为标准
		危险、有害及生态环境因素	危害后果	发生可能性	风险程度	事故类型	
7	第二台引风机启动后并入系统	风机并列运行后，未对两台风机运行参数进行比对	异常	可能性很小	可控风险	异常	两台引风机并列运行后，全面检查两台风机的运行情况，做好参数比对工作，如有异常及时汇报
		风机并列过程中未及时关小原运行引风机调节机构，引起引风机喘振	设备障碍	可能，但不经常	一般风险	障碍	1. 风机并列过程中，应先减小原运行引风机调节机构，同步缓慢开大第二台引风机；2. 降低原运行引风机负荷，即由下调至引风机嘴振幅线所成的工况点以下；3. 操作过程中应维持炉膛负压正常且平稳；4. 直至两台引风机调节机构开度、电流基本平衡，并列完成
		第二台引风机调节机构调整过快，引起烟尘排放量突增	大气污染	—	极高风险	环境事件	1. 风机并列运行过程中，应维持燃烧工况稳定，锅炉总风量稳定，防止风量大幅变化，引起烟尘污染物排放突增；2. 通知灰硫辅控调整除尘系统运行方式，确保烟尘排放符合要求
8	检查闭环	未确认工器具全部收回	异常	可能性很小	可控风险	异常	操作结束，检查确认相关工器具全部收回
		未确认设备参数、环保指标正常	大气污染	—	可控风险	环境事件	1. 检查确认参数及环保指标正常；2. 参数指标异常时及时调整运行工况或启动相关预案
		设备缺陷未及时人缺或联系处理	未遂	可能性很小	可控风险	异常	发现缺陷应及时人缺或联系处理

149

附录 B

《检修作业活动风险评估预控分册》 编制示例

表 B.1

中速磨煤机检修

以往不安全事件教训及经验	某电厂在磨煤机检修使用电动葫芦过轨时，小车坠落等导致下方一作业人员死亡
关键步骤提示	1. 防止起吊磨辊夹伤； 2. 磨辊搬运过程中，防止过轨吊脱落，做好过轨吊闭锁
作业项目	中速磨煤机检修

序号	工序	危险、有害及生态环境因素	风险分析与评价				主要组织措施及行为标准
			危害后果	发生可能性	风险程度	事故类型	
1	工作票及指导书风险评估	未按规定办理热机工作票	人身死亡	可能性很小	显著风险	人身事故	1. 严格履行工作票制度； 2. 加强日常工作票制度及风险意识培训和教育； 3. 加强日常现场检查，一经发现立即禁止作业
		动火时，未按规定办理动火票	人员重伤、一般设备事故	可能性很小	显著风险	火灾	1. 严格履行动火工作票制度； 2. 加强日常动火作业及风险意识培训和教育； 3. 加强日常现场检查，一经发现立即禁止作业
		工作票安全措施不完善	人员轻伤、设备故障	可能，但不经常	一般风险	人身事故、设备障碍	1. 加强工作负责人、签发人技能培训，熟悉相关系统、设备及风险，每年进行一次资格确认考试； 2. 工作负责人填写后，签发人及动火相关审批人认真履行安全措施审票，签发职责； 3. 运行许可时，仔细审票，不合格一律退回不得许可

续表 B.1

序号	工序	危险、有害及生态环境因素	危害后果	发生可能性	风险程度	事故类型	主要组织措施及行为标准
1	工作票及指导书风险评估	工作票安全措施执行不到位	人身死亡	可能性很小	显著风险	人身事故	1. 严格履行工作票签发制度，明确各项安全措施，尤其是对热风系统的具体风险隔离方式；2. 严格执行安全措施执行步骤，工作负责人和许可人双方就地确认；3. 热风系统插板门关闭后，对电动头拉电并进行机械闭锁，确认，挂"有人工作，禁止操作"警示牌，一旦发现漏粉漏风，进行漏粉漏风情况确认，一旦发现密闭不严，禁止作业；4. 作业时，提高防范意识定期检查，一旦发现异常立即停止作业；5.
		检修工艺指导书缺失	设备障碍	可能性很小	一般风险	障碍	1. 严格执行检修标准化作业制度，没有指导书不得开工；2. 加强现场检查，发现缺失应及时制止作业
		检修工艺指导书步骤不完善	设备障碍	很有可能	显著风险	障碍	1. 作业指导书使用前按规定程序履行审批、登记手续，工作或标准不全、不完善不得准许使用；2. 每次检修作业应根据具体检修项目，编制、修订具体指导书。日常检修典型磨煤机检修作业工艺指导书，方便日常参考编制；3. 加强现场检查，发现不完善应及时责令补充完善；4. 建立检修工艺指导书持续改进机制，定期修订完善典型磨煤机检修作业工艺指导书

续表 B.1

序号	工序	危险、有害及生态环境因素	风险分析与评价				主要组织措施及行为标准
			危害后果	发生可能性	风险程度	事故类型	
2	作业区域环境风险评估	设备余热高温	烫伤、中暑	可能性很小	一般风险	灼烫、其他	1. 进入磨煤机前需确认磨煤机内部温度低于40℃; 2. 夏季作业应加强通风、定期休息并做好防暑工作
		噪声	噪声聋	可能性很小	可控风险	职业病	进入噪声区域正确佩戴耳塞
		有限空间（磨辊室、刮板室）	人身死亡	可能，但不经常	显著风险	中毒或窒息	1. 开工前确认现场安全措施、隔离措施正确完备; 2. 待有毒、有害、易燃易爆物质放尽后方可开始工作; 3. 保持有限空间内部通风流畅，定期测量内部氧量; 4. 进入有限空间内须认真履行有限空间出入手续，证件放置在指定区域，外部有专人负责监护; 5. 检修人员全部离开工作现场前，确认内部无人员，工器具遗留。工作间隙或离开工作后应立即关闭临时人孔门，并上锁和贴上专用封条
		交叉作业	人身死亡	可能，但不经常	显著风险	人身事故	1. 开工前，应合理组织安排工序，若有其他专业同时在本磨煤机上作业，应与相邻专业方进行沟通、协调，明确施工时间，错开施工时间或施工工序，禁止交叉作业; 2. 在上方平台格栅或隔层处作业，设备重叠界限等风险，设备高空落物，铺设隔离措施、防止落物
		工作场所存在积煤、积粉	设备障碍	可能，但不经常	显著风险	火灾	1. 工作前，应采取负压吸尘等措施清楚内部积粉、积煤; 2. 动火作业时，按规定履行动火手续和监护要求

续表 B.1

序号	工序	危险、有害及生态环境因素	风险分析与评价				主要组织措施及行为标准
			危害后果	发生可能性	风险程度	事故类型	
2	作业区域环境风险评估	工作场所存在粉尘	尘肺病	相当可能	显著风险	职业病	1. 工作前，应采取负压吸尘等措施清除内部积粉、积煤；2. 加强通风，监测粉尘浓度正常；3. 检修时，遇有扬尘可能工作时，按规定做好抑尘措施；4. 按规定戴好防尘口罩
		周围有运行设备	设备障碍	可能性很小	可控风险	障碍	1. 做好检修设备和运行设备之间的有效隔离；2. 开工前确认设备名称与检修内容一致
		照明灯不亮、失去，照度不足	未遂	可能性很小	可控风险	未遂	1. 发现照明灯失去应及时通知相关专业处理恢复；2. 在磨煤机内部或相关照明不足区域增加充足的临时照明
		磨煤机作业区域沟道格栅、盖板缺损	人员重伤	可能，但不经常	显著风险	人身事故	1. 格栅、盖板临时拆除应按要求办理审批手续，完工后及时恢复；2. 格栅、盖板临时拆除后须做好区域围护并做警示标识；3. 非承重的格栅需通行重车作或车辆时，应加铺钢板等防护
		磨煤机内部通风不畅	中毒、窒息	可能性很小	可控风险	中毒窒息	作业时应打开所有人孔门等通风，确保作业场所通风良好；禁止通入氧气方式
		设备标识标牌缺损、不清	异常	可能性很小	可控风险	异常	发现标识标牌缺损、不清时，应及时联系运行确认

154

续表 B.1

序号	工序	危险、有害因素及生态环境因素	风险分析与评价				主要组织措施及行为标准
			危害后果	发生可能性	风险程度	事故类型	
3	安全技术交底	未执行安全交底	人身死亡	可能性很小	显著风险	人身事故	1. 严格履行现场安全技术交底制度，并按规定双方签名、确认；2. 加强现场监督检查，一旦发现未交底的，应立即制止作业，交底后方可开工
		安全交底不全	人身死亡	可能，但不经常	极高风险	人身事故	1. 作业前交底人按规定要求对相关作业风险进行详细评估、梳理，并各自填写风险预控记录；2. 交底后，交底人向被交底人进行再次确认；3. 当人员变更时，重新对新进人员进行交底；4. 重点交待以下内容：(1) 防止磨辊夹伤等机械伤害要求；(2) 动火时的防火措施要求；(3) 关键工序的作业安全、质量工艺要求；(4) 起重时的安全注意事项；(5) 防误碰运行设备及转动机械要求；(6) 粉尘、噪声职业健康防护及PPE使用要求
4	现场标准化布置（包括脚手架搭设）	现场围板隔离不全或者缺失	人身死亡、设备损坏	可能性很小	显著风险	人身事故、障碍	按照标准化要求编制平面定置图，进行封闭施工，对运行设备进行隔离
		安全通道未设置或出入口不全	人员轻伤	可能性很小	可控风险	人身事故	按照标准化要求在作业区域内设置安全通道并设置出入口，在出入口外侧显眼处挂设"由此出入"安全指示牌

续表 B. 1

序号	工序	危险、有害及生态环境因素	风险分析与评价				主要组织措施及行为标准
			危害后果	发生可能性	风险程度	事故类型	
		地面、设备设施等未进行成品防护或防护不当	异常	可能性很小	可控风险	异常	1. 在封闭区域内，地面满铺橡胶、木板等隔离护板，堆放磨辊等大件时敷设枕木；2. 对解体设备进行白布或塑料布等遮盖、包扎；3. 对周边易碰触或被污染设备、设施做好防碰撞、划伤或脏污临时措施
4	现场标准化布置（包括脚手架搭设）	电源点、气源点未设置定置或定置布线不规范	人身死亡、设备障碍	可能性很小	显著风险	人身事故、障碍	1. 按标准化要求设置专门的临时电源点、气源点；2. 电源线、气管等应规范布设，经过过道时敷设黄黑防护罩、架空时采用专门钩子、电源线与脚手架应绝缘、隔离，且与气管分开布置；3. 临时电源应按规定许可，张贴"使用准用证"并固定牢靠；4. 气瓶应装在专门笼子内，且数量不得超过2瓶，与动火点间隔至少5m，氧气与乙炔瓶间隔至少10m；5. 电源点张贴"当心触电"及"使用责任牌"，气源点张贴"乙炔危险，严禁烟火"警示牌；6. 检修时电源箱内须设置漏电保护，箱体有效接地，符合相关用电安全规定
		工器具、备件、零部件等未定置堆放	未遂	相当可能	一般风险	文明生产	1. 按标准化要求编制物品堆放定置图，设置相对独立、各自堆放区，按定置图对物品分类放置；2. 设置专门的料架，小型部件统一放置在料架上；3. 按标准化要求配备物品标识；4. 对易损伤部件进行有效防护

156

续表 B.1

序号	工序	危险、有害因素及生态环境因素	风险分析与评价				主要组织措施及行为标准
			危害后果	发生可能性	风险程度	事故类型	
		未按标准化要求设置看板管理	未遂	相当可能	一般风险	文明生产	1. 按要求设置三图两表（施工组织机构图、主要进度图、现场定置图、管理目标控制表、因素预控措施表），并现场公示； 2. 看板应放置在区域出入口或醒目位置
		作业区域未设置专门废弃物收集点，卫生未及时清理	未遂、土地污染	相当可能	一般风险	文明生产	1. 按标准化要求设置专门垃圾筒或废弃油类、清洗罐等收集容器； 2. 指定专人每天收工前至少清理、打扫一次； 3. 多余余料每天及时清理、整理
		动火作业未设置临时消防器材	人身死亡、设备障碍	可能性很小	显著风险	火灾	现场临时增设至少两具干粉灭火器，必要时配备消防水管和临时消防员
4	现场标准化布置（包括脚手架搭设）	现场脚手架搭设结构承重不规范	人身死亡	可能，但不经常	极高风险	高处坠落	1. 架杆架板和卡扣使用前进行外观查，规格不符合要求、变形、开裂、破损的不得使用； 2. 按《钢制脚手架安全技术规范》要求搭设，尤其立杆、横杆、剪刀撑、连接符合要求、栏杆、电缆桥架等非承重部位不得承重； 3. 脚手架进行验收合格后方可使用，定期检查脚手架的完整性和牢固性； 4. 使用中，非搭设人员不得擅自拆除或变更脚手架结构； 5. 在地面立杆上铺设专门立杆垫； 6. 按规定在巷道处2m以下部位的所有横杆探头部位装设防撞护套

续表 B. 1

序号	工序	危险、有害 及生态环境因素	风险分析与评价				主要组织措施及行为标准
			危害后果	发生 可能性	风险 程度	事故类型	
4	现场标准化 布置（包括 脚手架搭设）	脚手架搭设使用 材质不恰当	人身死亡	可能， 但不经常	极高 风险	高处坠落	1. 按规定使用钢制脚手架且钢管直径、厚度规格符合规范； 2. 钢管和卡口无腐蚀、变形等，否则禁止使用； 3. 高温、动火等易燃场所禁止使用毛竹脚手架
		脚手架搭设未设 置踢脚脚、护栏或 高度不足	人身死亡	可能， 但不经常	极高 风险	高处坠落	1. 按规定在非作业面设置踢脚板、护栏； 2. 踢脚板与脚手板之间不得留有间隙，且高度大于 180mm； 3. 护栏高度应不低于 1200mm，且中间小横杆间距不大于 400mm，材质必须保持与脚手架相同
		脚手板铺设不 规范	人身死亡	可能， 但不经常	极高 风险	高处坠落	1. 按相关规范铺满脚手板； 2. 脚手板不得出现探头板，板与板之间不得留有间隙； 3. 搭设时，应尽量避免与设备设施碰触，必要时，应采用柔性隔离设施
		脚手架未按要求 搭设走道、爬梯	人身死亡	可能性 很小	显著 风险	高处坠落	1. 按相关规范高度等级设置直爬梯或斜道； 2. 设置直爬梯，钢管间距不得超过 400mm；超过 3m 中间应有休息平台
		脚手架搭拆时， 作业人员踩踏设备 或保温等违章作业	人身死亡、 设备障碍	可能性 很小	显著 风险	高处坠落	1. 按规定进行安全技术交底； 2. 设置专人监护，发现违章立即制止

续表 B.1

序号	工序	危险、有害及生态环境因素	风险分析与评价				主要组织措施及行为标准
			危害后果	发生可能性	风险程度	事故类型	
4	现场标准化布置（包括脚手架搭设）	脚手架搭拆时，作业人员抛掷配件、构件	人身死亡、设备障碍	可能，但不经常	极高风险	物体打击、障碍	1. 按规定进行安全技术交底； 2. 设置专人监护，发现违章立即制止
		脚手架搭拆时，作业人员未按规定佩戴工具包	人身死亡、设备障碍	可能，但不经常	极高风险	物体打击、障碍	1. 脚手架搭拆人员应按规定使用工具袋，工具应可靠放置在工具袋或包内； 2. 设置专人监护，发现违章立即制止
		脚手架使用前未按规定验收、签名	人身死亡	可能性很小	显著风险	人身事故	1. 使用前严格履行双方验收，并在脚手架牌上签字； 2. 已验收脚手架挂设"从此上下""必须系安全带""当心坠落""脚手架验收牌"
5	准备工作（开工前工器具、材料、人员）	检修人员健康状况异常	人员轻伤	可能性很小	可控风险	人身事故	1. 作业前工作负责人确认作业人员健康状况适宜工作； 2. 发现异常，按规定禁止作业
		检修人员情绪异常	人员轻伤	可能性很小	可控风险	人身事故	1. 作业前工作负责人确认作业人员情绪稳定； 2. 发现情绪异常，按规定禁止作业
		检修人员技术业务不熟	设备异常	可能，但不经常	一般风险	异常	1. 对工作人员进行技术交底及必要检修作业培训，并通过考试合格； 2. 外包项目负责人、技术人员等骨干应按标准化要求进行入厂验证、考核合格； 3. 所有质量检验人员都按规定取得技术资格授权； 4. 新员工、实习人员不得独立作业

续表 B. 1

序号	工序	危险、有害因素及生态环境因素	危害后果	风险分析与评价			主要组织措施及行为标准
				发生可能性	风险程度	事故类型	
5	准备工作（开工前工器具、材料、人员）	特殊工种工作人员无资质	设备障碍	可能性很小	可控风险	障碍	1. 焊工、起重、防腐、脚手架、车辆驾驶等特种作业施工人员需持国家或行业颁发、有效期内相关证件上岗（随带证书复印件）； 2. 外包人员凡需在厂内操作使用电厂就地起重设备的，应向电厂办理钥匙借用和起重设备准用手续； 3. 开工前项目负责人、工作负责人进行确认
		特种设备未检验	人员重伤	可能性很小	一般风险	物体打击	1. 起重设备及吊具、叉车等特种设备使用前需由相关单位检验，并张贴检验合格证； 2. 禁止使用不合格或超期服役特种设备
		专用工器具准备不完善	设备障碍	可能性很小	显著风险	障碍	1. 依照作业方案，配备足量专用工器具； 2. 专用工器具使用前需进行检查，不得带病工作； 3. 按规定使用专用工具，不得用非专用替代
		电动工器具破损或未在有效期内	人身死亡	相当可能	极高风险	触电	1. 检查合格证在有效期内； 2. 检查角磨机、砂轮机、切割机、切割机电源线和电源插头完好无缺损，接地线完好、防护罩、磨光片完好无缺损； 3. 禁止使用不合格电动工器具； 4. 外包角磨机、砂轮机、切割机等电动工器具按规定办理进厂准入手续
		手动工器具不完整或有油污	人员轻伤	可能性很小	可控风险	物体打击	1. 使用前确认手动工器具完好、整洁； 2. 使用过程中，一旦脏污及时擦拭干净，破损的及时更换

续表 B.1

序号	工序	危险、有害因素及生态环境因素	风险分析与评价				主要组织措施及行为标准
			危害后果	发生可能性	风险程度	事故类型	
5	准备工作（开工前工器具、材料、人员）	行灯使用前未经检验或存在缺陷	人身死亡	可能，但不经常	极高风险	触电	1. 行灯电源线、电源插头应完好无破损；行灯的电源线应采用橡套软电缆； 2. 行灯变压器必须采用双绕组型；行灯变压器一、二次侧均应装熔断器；金属外壳应做好接地措施； 3. 行灯应有保护罩； 4. 行灯的手柄应绝缘良好且耐热、防潮； 5. 禁止使用不合格行灯； 6. 外包行灯按规定办理入厂准入手续
		电焊机使用前未经检验或存在缺陷	人身死亡	可能，但不经常	极高风险	触电	1. 由特种作业（电焊）人员检查电焊机完好； 2. 检查合格证正在有效期内； 3. 电焊机电源线、电源插头、电焊钳等焊接设备和工具完好无损； 4. 电焊机的裸露导电部分和转动部分及冷却用的风扇均应装有保护罩； 5. 电焊机金属外壳应有明显的可靠接地，且一机一接地； 6. 电焊工作所用的导线必须使用绝缘良好的皮线；电焊机、焊钳与电缆线连接牢固，接地端头不外露； 7. 严禁一闸接多台电焊机； 8. 严禁利用厂房的金属结构、管道、轨道或其他金属搭接起来作为导线使用； 9. 电焊机装设、检查和修理工作，必须在切断电源后进行； 10. 禁止使用不合格电焊机及其设施； 11. 外包电焊机按规定办理入厂准入手续

续表 B.1

序号	工序	风险分析与评价					主要组织措施及行为标准
		危险、有害因素及生态环境因素	危害后果	发生可能性	风险程度	事故类型	
5	准备工作（开工前工器具、材料、人员）	手动葫芦使用前未经检验或存在缺陷	异常	可能性很小	可控风险	起重伤害	1. 检查合格证在有效期内； 2. 工作前检查链条是否有裂纹、链轮转动是否卡塞、吊钩是否无防脱保险装置，以确保完好； 3. 特种设备作业人员或操作手动葫芦的磨损情况、吊钩防脱保险装置是否牢固、齐全、制动器、导绳器和限位器的有效性； 4. 禁止使用不合格手动葫芦
		电动葫芦使用前未经检验或存在缺陷	异常	可能性很小	可控风险	起重伤害	1. 检查合格证在有效期内； 2. 特种设备作业人员或操作人员检查电动葫芦的钢丝绳磨损情况、吊钩防脱保险装置的有效性、吊钩、号码器和限位器的有效性，控制手柄的外观，制动器、导绳器最低位置时，滚筒上至少剩有5圈绳索； 3. 使用前检查手动操作装置无漏电、使用电动葫芦前应动作无负荷着落试验一次、检查刹车及传动装置应良好无缺陷； 4. 禁止使用不合格电动葫芦
		吊索具损坏或选择不当	异常	可能性很小	可控风险	起重伤害	1. 作业前，应对吊索具及其配件进行检查，确认完好，方可使用； 2. 所选用的吊索具应与被吊工件的外形特点及具体要求相适应，在不具备使用条件的情况下，决不能对付使用； 3. 作业中应防止损坏吊索具及配件，必要时在棱角处应加护角防护； 4. 吊具及配件不能超过其额定起重量

续表 B.1

序号	工序	危险、有害及发生态环境因素	风险分析与评价				主要组织措施及行为标准
			危害后果	发生可能性	风险程度	事故类型	
5	准备工作（开工前工器具、材料、人员）	氧气、乙炔气瓶放置不当	人员重伤	可能，但不经常	极高风险	容器爆炸	1. 按定置管理要求，设置起源点，氧气与乙炔距离至少分开5m； 2. 气瓶应使用专门笼子、直立固定安放在室内的氧气瓶、乙炔气瓶，应用帐棚或轻便的板棚遮护，以免接触火星； 3. 不准装有气体的气瓶与电线接触
		氧气表、乙炔表失效	人员重伤	可能，但不经常	极高风险	容器爆炸	1. 氧气表、乙炔表应经检验合格，并在有效期内； 2. 使用前应进行检查，确保其完好、有效
		氧气软管、乙炔软管放置不正确	人员重伤	相当可能	极高风险	容器爆炸	1. 乙炔和氧气软管在工作中应防止沾上油脂或触及金属溶液； 2. 不准把乙炔及氧气软管放在高温管道和电线上； 3. 不应将重的或热的物体压在软管上； 4. 不准把软管放在运输管道上； 5. 不准把软管和电焊用的导线敷设在一起
		割炬回火装置失灵	人员重伤	可能，但不经常	显著风险	容器爆炸	使用检验合格的割炬
		千斤顶螺纹齿条磨损	设备障碍	可能性很小	可控风险	起重伤害	1. 由操作人员检查螺旋千斤顶或齿条千斤顶装有防止螺杆或齿条脱离丝扣或齿轮的装置；不准使用螺纹或齿条已磨损的千斤顶； 2. 检查千斤顶检验合格证在有效期内

163

续表 B.1

序号	工序	危险、有害因素及生态环境因素	风险分析与评价				主要组织措施及行为标准
			危害后果	发生可能性	风险程度	事故类型	
6	减速机联轴器检修	拆卸螺栓时使用扳手位置不当或用力过大、滑脱	人员轻伤	可能，但不经常	一般风险	物体打击	1. 现场工作时，人员注意用力方向和力度，协调配合，拆卸时佩戴劳保手套，精力要集中； 2. 配合人员注意站位，防止被工器具滑脱后击伤； 3. 选用合适规格的工器具
7	打开磨辊室检修门	高处作业未使用工具袋	人员重伤	可能，但不经常	显著风险	物体打击	1. 高处作业应一律使用工具袋； 2. 较大的工具应用绳拴在牢固的构件上
		高处进行工具使用时，未采取防滑脱措施	人员重伤	可能，但不经常	显著风险	物体打击	高处使用的工具应用绳拴在牢固的构件上
		用葫芦拉门时角度不正、斜拉	人员重伤	可能，但不经常	显著风险	起重伤害	合理选择吊点，禁止斜拉
		拉门时葫芦超载	人员重伤	可能性很小	一般风险	起重伤害	1. 拉门前先确认门已松动； 2. 选用合适规格的手拉葫芦，使用过程中一旦出现卡涩等及时停止，并查明原因
		未及时清理门边积粉	尘肺及空气污染	相当可能	显著风险	职业病、环境事件	1. 开门前适当清理门边及门内积粉； 2. 按规定佩戴防尘口罩； 3. 开门后及时收集、清理粉尘

164

续表 B.1

序号	工序	危险、有害及生态环境因素	风险分析与评价				主要组织措施及行为标准
			危害后果	发生可能性	风险程度	事故类型	
8	磨辊装置翻出、卸下、安装	盘动磨辊时站姿不正确	人身死亡	可能性很小	显著风险	机械伤害	盘动时，作业人员切不可站在磨辊边缘处，以防被夹受伤
		工作人员站在液压干斤顶安全栓或高压软管前面	人员轻伤	相当可能	显著风险	物体打击	使用液体或压缩空气传动的千斤顶时，禁止工作人员站在千斤顶安全栓及高压软管的前面
		违规使用套筒等增加干斤顶手柄长度	异常	可能，但通常不经常	一般风险	异常	不准在千斤顶的摇把上套接管子或其他任何方法加长摇把的长度
		使用干斤顶未置于重物的正下方	人身死亡	可能性很小	显著风险	起重伤害	千斤顶要置于重物的正方，顶重物时先用手摇动摇把，使顶头顶重物再插入手柄加力
		未采取防止重物突然下沉的措施	人身死亡	可能性很小	显著风险	起重伤害	安装千斤顶的位置要坚硬、平整，或用钢板和垫木垫牢，防止因基座支撑下陷而产生歪斜
		千斤顶超载荷使用或长期无支撑	人身死亡	可能性很小	显著风险	起重伤害	1. 使用千斤顶时工作负荷不准超过千斤顶铭牌规定；2. 不准将千斤顶放在长期无人照料的荷重下面
		吊点不牢固，吊点位置不正确	人身死亡	可能性很小	显著风险	起重伤害	1. 吊钩要挂在物品的重心上，当被吊物件起吊后有可能摆动或转动时，应采用绳索牵引方法，防止物件摆动伤人或碰坏设备；2. 选择牢固可靠、满足载荷的吊点

续表 B.1

序号	工序	危险、有害因素及生态环境因素	风险分析与评价				主要组织措施及行为标准
			危害后果	发生可能性	风险程度	事故类型	
		使用损坏的吊索或选择规格不当	人身死亡	可能性很小	显著风险	起重伤害	1. 作业前，应对吊索具及其配件进行检查，确认完好，方可使用； 2. 所选用的吊索具应与被吊工件的外形特点及具体要求相适应，在不具备使用条件的情况下，决不能对付使用； 3. 作业中应防止损坏吊索具及配件，必要时在棱角处应加护角防护； 4. 吊具及配件不能超过其额定起重量，起重吊具、吊索不得超过其相应吊挂状态下的最大工作载荷
8	磨辊装置翻出、卸下、安装	起吊磨辊时，固定绑扎不牢固	人身死亡	可能性很小	显著风险	起重伤害	1. 起重前必须将物件牢固，稳妥地绑住； 2. 吊拉时两根钢丝绳之间的夹角一般不得大于 90°； 3. 使用单吊索起吊重物挂钩时应打"挂钩结"；使用吊环时螺栓必须拧到底；使用卸扣挂钩时，吊索与其连接的一个索扣必须套在销轴上，一个索扣必须扣在扣体两侧上；不准两个索扣分别扣在卸扣体的扣侧上；吊拉捆绑时，重物或设备构件的锐边处必须加装衬垫物
		在起吊磨辊下逗留和行走	人身死亡	可能，但不经常	极高风险	起重伤害	1. 在起重作业区周围设置明显的起吊警戒和固栏，与工作无关人员不准在起重工作区域内行走或者停留； 2. 起重机正在吊重物时，任何人不准在吊臂和吊物下停留或行走

续表 B.1

序号	工序	危险、有害因素及生态环境因素	风险分析与评价				主要组织措施及行为标准
			危害后果	发生可能性	风险程度	事故类型	
8	磨辊装置翻出、卸下、安装	磨辊长期悬在空中	人身死亡	可能，但不经常	极高风险	起重伤害	磨辊不准长期悬在空中时，暂时悬在空中时，不准操作人员离开或做其他工作
		吊装作业区域无专人监护	人身死亡	可能，但不经常	极高风险	起重伤害	吊装作业区周边必须设置警戒区域，并设专人监护
		电动葫芦过轨时违章操作	人身死亡	可能，但不经常	极高风险	起重伤害	1. 严格执行电动葫芦吊操作规程，使用前确认过轨联锁保护设施完好； 2. 过轨操作时，应缓慢，一旦异常，立即停止并采取相应措施
		专用工具超载荷使用或未使用专用工具	设备损坏	可能性很小	可控风险	机械伤害	1. 使用前对专用工具进行载荷检验； 2. 按规定使用专用工具
9	磨辊、磨碗衬板解体、检修	磨辊堆放未稳固，倾倒	人员重伤	可能性很小	一般风险	物体打击	1. 选择规则方整的枕木，且枕木应放在平整地面，确保磨辊重心稳定； 2. 磨辊堆放区域按规定设置明显警示和隔离，防止机械车辆误碰误撞
		磨辊堆放时，未轻放稳固，撞击或倾倒	地面损坏	可能，但不经常	一般风险	文明生产	1. 起吊下放时，应轻缓，注意观察； 2. 选择规则方整的枕木，且枕木应放在平整地面，确保磨辊重心稳定
		气割火焰高温及辐射	人员重伤	可能性很小	一般风险	灼烫	1. 气割火焰不能对准工作人员； 2. 工作人员戴好目镜，避免火焰辐射； 3. 动火完毕应立即关闭气源

167

续表 B.1

序号	工序	危险、有害因素及生态环境因素	风险分析与评价				主要组织措施及行为标准
			危害后果	发生可能性	风险程度	事故类型	
9	磨辊、磨碗、衬板解体、检修	未按规定使用清洁剂	中毒	可能性很小	一般风险	中毒	1. 工作人员按规定戴防护口罩、手套; 2. 工作区域通风并站在上风向位置
		手拉葫芦超载荷使用	人员重伤	可能性很小	一般风险	物体打击	使用手拉葫芦时工作负荷不准超过铭牌规定
		使用损坏的吊索具或选择规格不当	人员重伤	可能性很小	一般风险	物体打击	1. 作业前,应对吊索具及其配件进行检查,确认完好,方可使用; 2. 所选用的吊索具应与被吊工件的外形特点及具体要求相适应,在不具备使用吊索具条件的情况下,决不能对付使用; 3. 作业中应防止损坏吊索具配件,必要时在棱角处应加护角防护; 4. 吊具及配件不能超过其额定起重量,起重吊具、吊索不得超过其相应吊挂状态下的最大工作载荷
		磨辊或衬板长期悬在空中	人员重伤	可能性很小	一般风险	物体打击	磨辊、衬板不准在悬吊状态下解体施工,翻转完毕应及时按规定重新堆放稳固
		未按照操作手册紧螺栓	设备损坏	可能性很小	显著风险	障碍	1. 按照顺序紧螺栓; 2. 必须用扭力扳手紧设备
10	一次风室(刮板室)检修	内部通风不畅	中毒、窒息	可能性很小	一般风险	中毒或窒息	1. 刮板室内空间较小,作业人员应注意通风; 2. 严格履行密闭容器内作业管控要求
		未使用防爆照明灯具	人员轻伤	可能,但不经常	一般风险	火灾	工作时使用合格的防爆照明灯具

续表 B.1

序号	工序	风险分析与评价					主要组织措施及行为标准
		危险、有害因素及生态环境因素	危害后果	发生可能性	风险程度	事故类型	
10	一次风室（刮板室）检修	人孔门关闭前未清点人员，人员遗留在容器内	人身死亡	很不可能	一般风险	中毒或窒息	核对容器进出人登记，确认无人员和工器具遗落，并喊话确认无人
		人孔门关闭前未清点工器具，遗留	设备损坏	相当可能	显著风险	障碍	人孔门关闭前应对一次风室内进行最后一次检查，清点和检查检修工具
11	导向装置检修	不按规定使用工具	未遂	可能，但不经常	可控风险	物体打击	现场工作时，人员协调配合，拆卸时佩戴劳保手套，精力要集中
12	减速机的拆卸与安装	未及时清理润滑油污、污染设备及环境	设备异常、环境卫生	相当可能	显著风险	异常/文明生产	提前放置好油盘、破布，拆除螺栓时发生的跑、冒、滴、漏及溢油，要及时清除处理
		设备未稳固，倾倒	设备损坏	可能，但不经常	一般风险	机械伤害	1. 现场工作时，人员协调配合，精力要集中；2. 拆下来设备应放置在枕木上，并避免滚动，拆卸时可进行绑扎
		手拉葫芦超载荷使用	人员重伤	可能性很小	一般风险	物体打击	使用手拉葫芦时工作负荷不准超过铭牌规定
		吊点不牢固，吊点位置不正确	人员重伤	可能性很小	一般风险	物体打击	1. 吊钩要挂在物品的重心上，当被吊物件起吊后有可能摆动或转动时，应采用绳引方法、防止物件摆动伤人或碰设备；2. 选择牢固可靠、满足载荷的吊点

续表 B.1

序号	工序	危险、有害及生态态环境因素	危害后果	发生可能性	风险程度	事故类型	主要组织措施及行为标准
12	减速机的拆卸与安装	吊索具损坏或选择不当	人员重伤	可能性很小	一般风险	物体打击	1. 作业前，应对吊索具及其配件进行检查，确认完好，方可使用； 2. 所选用的吊索具应与被吊工件的外形特点及具体要求相适应，在不具备使用条件的情况下，决不能对付使用； 3. 作业中应防止损坏吊索具及配件，必要时在棱角处应加护角防护； 4. 吊具及配件不能超过其额定起重量，起重吊具、吊索不得超过其相应吊挂状态下的最大工作载荷
		清洗液漏霉	其他职业病	可能性很小	一般风险	中毒或窒息	1. 清洗剂瓶体完好，无破损； 2. 清洗后废液需倾倒至指定容器，避免渗透至地下水或流生活水
		换下设备废料未清理	未遂	可能性很小	可控风险	其他设备损坏	废料及时清理，做到工完、料尽、场地清
13	压架及铰轴装置检修及安装	安装时，手指等深入结合面、夹伤	人员轻伤	可能性很小	可控风险	机械伤害	安装时手指、工具不要放到结合面上
		徒手接触二硫化钼	其他职业病	可能性很小	可控风险	中毒或窒息	需佩戴手套

续表 B.1

序号	工序	危险、有害及发生态环境因素	风险分析与评价				主要组织措施及行为标准
			危害后果	发生可能性	风险程度	事故类型	
14	拉杆加载装置检修及装复	未及时清理液压油污	设备异常/环境卫生	可能性很小	可控风险	异常/文明生产	提前放置好油盘、破布，拆除螺栓时发生的跑、冒、滴、漏及溢油，要及时清除处理
		手拉葫芦超载荷使用	人员轻伤	可能性很小	可控风险	机械伤害	使用手拉葫芦时工作负荷不准超过铭牌规定
		工器具未系防坠绳及零部件未固定	人员轻伤	可能性很小	可控风险	机械伤害	1. 工器具必须使用防坠绳；2. 零部件应放在牢固的构件上，不准随便乱放
		工器具和零部件上下抛掷	人员轻伤	可能性很小	可控风险	机械伤害	工器具和零部件不准上下抛掷，应用绳系牢后往下或任上吊
15	油系统检修	未及时清理润滑油污	设备异常/环境卫生	相当可能	显著风险	异常/文明生产	提前放置好油盘、破布，拆除螺栓时发生的跑、冒、滴、漏及溢油，要及时清除处理
		未及时按规定收集废弃润滑油及防火措施不当	污染土地	可能性很小	可控风险	火灾/环境事件	1. 拆卸下设备需擦干净，避免润滑油滴落；2. 油系统动火前需将油箱、油管道内部残油清理干净；3. 油系统动火前需配备足够的消防设备；4. 油系统动火前专业消防人员需到位；5. 废油或需回用的油按环保和质量工艺规定收集在专门密闭容器内，废油按危废统一处置
		工作油污未及时清理，工器具、设备清脱	人员轻伤	可能，但不经常	一般风险	物体打击	现场工作时，人员协调配合，拆卸时佩戴劳保手套，及时擦拭干净油迹

171

续表 B.1

序号	工序	危险、有害及生态环境因素	风险分析与评价				主要组织措施及行为标准
			危害后果	发生可能性	风险程度	事故类型	
15	油系统检修	清洗剂漏液	中毒、窒息	可能性很小	一般风险	中毒或窒息	1. 清洗剂瓶体完好、无破损； 2. 清洗后废液倾倒至指定容器，避免渗透至地下水或生活水
16	旋转分离器检修	未及时清除积煤、积粉	尘肺病	相当可能	一般风险	职业病	1. 检修前，先用负压设备吸除积粉或积煤，并按规定装袋密闭收集； 2. 工作人员需佩戴防尘口罩
		分离器转动部件突然转动	人员轻伤	很不可能	可控风险	机械伤害	对可能转动部件采用木块等阻塞措施，防止突然转动
17	减速机联轴器中心找正	用手指直接检查校正联轴器销孔	人员轻伤	可能性很小	可控风险	机械伤害	不准用手指直接检查校正联轴器销孔
		盘动转子时指挥混乱	人员轻伤	可能性很小	可控风险	机械伤害	盘动转子工作必须由一个负责人指挥，盘动转子前通知附近人员
18	磨煤机试运行	工器具遗留	设备损坏	相当可能	显著风险	障碍	人孔门关闭前应对内进行最后一次检查，清点和检查检修工具
		人员遗留在容器内	人身死亡	很不可能	一般风险	中毒或窒息	关闭人孔门前核对进出入人员登记，确认无人员遗落，并喊话确认无人
		检修人员单独进行试运行操作	人员轻伤	可能，但不经常	一般风险	物体打击	1. 严格履行设备试转手续和工作票押回手续； 2. 试运行操作应由运行值班人员根据检修工作负责人的要求进行，检修人员不准自己进行试运行的操作

续表 B.1

序号	工序	危险、有害及生态环境因素	风险分析与评价				主要组织措施及行为标准
			危害后果	发生可能性	风险程度	事故类型	
18	磨煤机试运行	试转时，检修人员未及时清场	人员死亡	可能性很小	显著风险	机械伤害	1. 试转启动时，运行人员应联系确认检修人员已清场，检修工作负责人负责清点； 2. 严禁约时送电或启动
		试运行启动时，观察人员站在转机径向位置	人员轻伤	可能，但不经常	一般风险	物体打击	1. 转动设备试运行时所有人员应先远离，站在转动机械的轴向位置； 2. 掌背轮等护罩应恢复正常； 3. 必要时，启动后观察、测试人员应站在轴向或其他可靠安全位置
19	工完场清及设备、设施完整	工器具、施工余废料及作业区域未及时清理	异常	相当可能	显著风险	文明生产	1. 按文明生产标准化要求，及时清理，做到工完料尽、场地清； 2. 工作票终结时，运行进行同步验收
		封闭施工区域未恢复	异常	相当可能	显著风险	文明生产	1. 按文明生产标准化要求，检修完毕及时撤除围板、胶垫等隔离设施，恢复区域； 2. 工作票终结时，运行进行同步验收
		保温、防腐、架子、土建、标识等未及时复原或损坏未及时修复	异常	相当可能	显著风险	文明生产	1. 按文明生产标准化要求，恢复保温、标识，对设备设施防腐损坏的及时进行防腐，对损坏的地面设施进行土建修复，架子及时按规定撤除； 2. 工作票终结时，运行进行同步验收
		设备设施未及时清洁	异常	相当可能	显著风险	文明生产	1. 装复设备时，整体复原后再进行整体清洁，保洁； 2. 作为作业标准的必备质检点工序

表 B.2 母线保护装置及其二次回路检修

以往不安全事件教训及经验	某线路保护检修后，因 TV 电压回路未恢复，导致线路合闸时，线路保护手合于故障动作，线路跳闸事故
关键步骤提示	1. 开工后安全措施执行；2. 传动试验；3. 端子紧固与安全措施恢复
作业项目	母线保护装置及其二次回路检修（以 500kV 为例）

序号	工序	危险、有害及生态环境因素	危害后果	风险分析与评价			主要组织措施及行为标准
				发生可能性	风险程度	事故类型	
1	工作票及指导书评估	未开具工作票	设备障碍	可能性很小	可控风险	障碍	1. 严格履行工作票制度，工作前开具电气两种票； 2. 加强日常工作票制度及风险意识培训和教育； 3. 加强日常现场检查，一经发现立即禁止作业
		工作票安全措施不完善	设备障碍	可能性很小	可控风险	障碍	1. 加强工作负责人、签发人、许可人技能培训，熟悉相关系统、设备及风险，每年进行一次资格确认考试； 2. 工作负责人填写后，签发人认真履行安全措施审票签发职责； 3. 工作许可时，许可人认真履行安全措施及许可手续和职责； 4. 运行人员执行所有安全措施中，应包含退出待检母差保护所有跳闸出口连接片

续表 B.2

序号	工序	危险、有害因素及生态环境因素	风险分析与评价				主要组织措施及行为标准
			危害后果	发生可能性	风险程度	事故类型	
1	工作票及指导书评估	继电保护安全措施附票安全措施不完善	设备障碍	可能性很小	可控风险	障碍	1. 三种人应经过培训、考试，具备资质； 2. 工作负责人应由从事过该项工作、具备经验的人担当； 3. 安全措施填写前应查阅图纸，并经现场核对无误； 4. 签发人应熟悉设备性能、熟悉设备检修规程、作业标准，熟悉设备动作逻辑，了解检修工艺； 5. 许可人结合当前设备运行状况认真审票，并办理许可手续
		图纸缺失或不是最新版	设备障碍	可能，但不经常	一般风险	障碍	1. 按标准化要求对图纸进行受控管理，图纸都应按规定进行有效标识； 2. 工作前确认现场使用的图纸为最新的、有效设备图纸，否则严禁使用
		定值单缺失或不是最新版	设备障碍	可能，但不经常	一般风险	障碍	1. 工作前确认现场使用的定值单为最新定值单； 2. 现场使用的定值单，应经过审批、盖有继电保护调整定值专用章，并确定定值在有效期内
		未向调度申请设备停役手续	设备障碍	可能，但不经常	一般风险	障碍	1. 检修前 5 个工作日向网调提交设备检修停役申请单，由网调度审核批准； 2. 开具工作票前由运行人员向当值网调运行人员提交设备停役单，向运行人员办理工作许可手续； 3. 检修完成、设备试验合格后，向运行人员向当值网调运行人员办理设备服役许可手续

175

续表 B.2

序号	工序	危险、有害因素 及生态环境因素	风险分析与评价				主要组织措施及行为标准
			危害后果	发生可能性	风险程度	事故类型	
1	工作票及指导书评估	检修作业标准缺失或步骤不完善	设备障碍	可能性很小	可控风险	障碍	1. 严格执行检修标准化作业制度; 2. 检修作业标准使用前按规定程序履行审批、登记手续，工序或标准不全、不完善不得批准使用; 3. 编制典型作业指导书标准; 4. 加强现场检查，发现缺失或不完善应及时停止作业
		检修内容未按检修规程策划	设备障碍	可能，但不经常	一般风险	障碍	1. 工作前应查阅最新版检修规程，明确本次检修应进行的内容; 2. 发现检修内容或缺项或多项，应及时通知检修项目策划人确认实际工作内容、范围
2	作业区域环境风险评估	周围有运行设备	设备障碍	可能性很小	可控风险	障碍	做好检修设备和运行设备之间的有效隔离
		检修设备柜内端子有 DC 110V、AC 220V 电源	人员重伤	可能，但不经常	显著风险	触电	1. 人体不得直接触碰端子、裸露导线等部位; 2. 拆接线前应先验电，确认带电部位，做到心中有数; 3. 拆接线应使用带绝缘层的工具
		设备标识标牌缺损、不清	异常	可能性很小	可控风险	异常	发现标识标牌缺损、不清时，应及时联系运行确认

续表 B.2

序号	工序	危险、有害 及生态环境因素	危害后果	发生 可能性	风险 程度	事故类型	主要组织措施及行为标准
3	安全技术交底	未执行安全交底	设备障碍	可能性 很小	可控 风险	障碍	1. 严格履行现场安全技术交底制度,并按规定双方签名、确认; 2. 加强现场监督检查,一旦发现未交底立即停止作业,交底后方可开工
		安全交底不全	设备障碍	可能, 但不经常	一般 风险	障碍	1. 作业前交底人按规定要求对相关作业风险进行详细评估、梳理; 2. 交底后,交底人向被交底人进行再次确认; 3. 重点交待以下内容: (1) 防触电措施,包括检修前先验电; (2) 关键工序务必达到作业安全、质量工艺的要求,严格履行检修质量计划; (3) 母线保护检修时,母线在运行,做好保护装置出口安全隔离; (4) 拆线、接线防止运行 TA 开路、TV 短路、直流接地
4	现场标准化布置	现场区域隔离不全或者缺失	设备障碍	可能性 很小	可控 风险	障碍	按照标准化要求进行检修区域布置,对运行设备进行隔离
		地面、运行设备未进行防护或防护不当	异常	可能性 很小	可控 风险	异常	1. 在工作区域内,敷设工作地垫,做到三落地,品备件定置归放; 2. 对周边易碰触设备、设施做好防误碰临时措施

续表 B. 2

序号	工序	危险、有害因素及生态环境因素	风险分析与评价				主要组织措施及行为标准
			危害后果	发生可能性	风险程度	事故类型	
4	现场标准化布置	备品、备件、零部件、工器具未定置堆放	未遂	可能，但不经常	可控风险	文明生产	按标准化要求编制物品堆放定置图，设置相对独立各自堆放区，按定置图分类放置物品
		作业区域卫生未及时清理	未遂	可能性很小	可控风险	文明生产	1. 每天收工前至少清理、打扫一次；2. 垃圾、工器具、备件每天及时清理、整理
5	准备工作（开工前工器具、材料、人员）	健康状况异常	人身死亡、设备障碍	很不可能	一般风险	人身事故、障碍	1. 作业前确认作业人员健康状况适宜工作；2. 发现异常，按规定禁止作业
		情绪异常	人身死亡、设备障碍	很不可能	一般风险	人身事故、障碍	1. 作业前确认作业人员情绪稳定；2. 发现情绪异常，按规定禁止作业
		电气作业人员未持证作业	人身死亡、设备障碍	很不可能	一般风险	触电	所有电气作业人员应取得"低压电工证"且在有效期内
		工作成员未经培训、工作前未进行风险辨识	设备障碍	可能性很小	可控风险	障碍	1. 工作人员应进行相关安全及技能培训；2. 每人、每天工作前应对工作任务进行风险分析
		电源接线盘未按规定取得检验合格	人身死亡、设备障碍	可能，但不经常	极高风险	触电	检查合格证在有效期内，外观绝缘应完好，使用前应进行漏电保安器触发试验合格，否则禁止使用
		试验仪器未经校验或校验超期不合格	设备障碍	可能性很小	可控风险	其他设备损坏	检查试验仪器合格证完备，且在有效期内

178

续表 B.2

序号	工序	危险、有害及生态环境因素	风险分析与评价				主要组织措施及行为标准
			危害后果	发生可能性	风险程度	事故类型	
5	准备工作（开工前工器具、材料、人员）	螺钉旋具、万用表、绝缘表等工器具绝缘层破损	人员轻伤	可能性很小	可控风险	触电	1. 检查工器具绝缘层外观良好、无破损；2. 毛刷、螺钉旋具金属裸露部分应用绝缘胶布包裹后使用
		个人劳动防护用品缺失或不合格	人身死亡	可能性很小	显著风险	触电	按规定选用合格的劳动防护用品，使用前确保在检验合格有效期内
6	开工后安全措施实施	涉网设备试验未向调度部门备案	异常	可能性很小	可控风险	异常	工作前先向调度申请设备停役、开具工作票时确认调度部门已许可工作
		执行安全措施不完善	设备障碍	可能，但不经常	一般风险	障碍	1. 作业人员与运行人员共同确认现场安全措施、隔离措施正确、完备；2. 逐项执行开工后检修执行安全措施
		执行安全措施错误	设备障碍	可能，但不经常	一般风险	障碍	1. 执行前核对图纸，由工作班成员执行，工作负责人监护确认；2. 按工作票开工后安全措施执行单逐项执行
		走错间隔	设备障碍	可能性很小	可控风险	障碍	1. 工作前核对设备名称及编号；2. 作业人员相互提醒、监护
7	装置及二次回路清扫检查	清扫设备时，防尘措施不当、扬灰	未遂	可能，但不经常	可控风险	文明生产	作业时，采用吸尘器清灰、必要时用刷子应轻缓并做好扬尘措施，避免扬灰
		清扫设备时未按规定戴口罩	尘肺	可能，但不经常	显著风险	职业病	作业时正确佩戴合格防尘口罩，采用吸尘器避免扬灰

续表 B.2

序号	工序	危险、有害因素及生态环境因素	风险分析与评价				主要组织措施及行为标准
			危害后果	发生可能性	风险程度	事故类型	
7	装置及二次回路清扫检查	误破设备带电部位	人员死亡	可能性很小	显著风险	触电	1. 人体不得直接触碰端子、裸露导线等部位; 2. 作业时戴于绝缘手套; 3. 使用带绝缘层的工具
8	回路绝缘电阻检查	测试电缆绝缘时被测二次回路上有人工作	人员轻伤	可能,但不经常	一般风险	触电	测试回路绝缘时,应停止被测二次回路上的其他工作,确认已无人工作后方可开始加压,并设专人监护
		测量绝缘前未验电	设备障碍	可能,但不经常	一般风险	障碍	绝缘测试前检查被试设备已断电
		绝缘测试后未放电	人员轻伤	可能,但不经常	一般风险	触电	试验后将被试设备可靠接地放电
		测试导线未拆除	设备障碍	可能性很小	可控风险	障碍	绝缘试验结束后,拆除试验时增加的测试导线
		TA、TV 回路接地点未恢复	设备障碍	可能,但不经常	一般风险	障碍	试验结束应及时恢复 TA、TV 回路原接地点,并用绝缘表再次测试,确认绝缘为零
9	直流电源试验及通电初步检查	直流电源正、负极反接	设备损坏	可能,但不经常	可控风险	其他设备损坏	确认直流测试仪电压输出及接线正常后才允许向装置加压

续表 B.2

序号	工序	危险、有害及生态环境因素	风险分析与评价				主要组织措施及行为标准
			危害后果	发生可能性	风险程度	事故类型	
10	保护装置校验	试验接线或操作错误	设备障碍	可能，但不经常	一般风险	障碍	1. 试验接线前核对测试端子，特别注意电压、电流接线不能相互混淆；2. 通入试验电压、电流前应先通入小电流、小电压，测试确认接线、试验装置无误；3. 试验操作应有监护人，防误操作
		误碰设备带电部位	人员轻伤	可能，但不经常	一般风险	触电	1. 人体不得直接触碰端子、裸露导线等部位；2. 作业时戴手套；3. 使用带绝缘层的工具
		误拆线、误接线，导致 TA 开路、TV 短路、直流短路、直流接地	设备障碍	可能，但不经常	一般风险	障碍	1. 拆线时做好记录，接线时按记录恢复，严禁 TA 二次回路开路、TV 二次回路短路；2. TA 回路恢复前进行回路直阻测试；3. 试验人员应拆除自装的接地或短路线，并对被试设备进行检查和清理恢复后应由负责人人现场确认
11	整组传动试验	开关、设备误操作	设备障碍	可能，但不经常	一般风险	障碍	1. 与运行人员一起确认工作间隔及开关状态；2. 所有工作地点确保至少两人工作，一人操作，一人监护；3. 出现异常立即停止传动试验，待问题查明再继续工作

续表 B.2

序号	工序	危险、有害 及生态环境因素	风险分析与评价				主要组织措施及行为标准
			危害后果	发生可能性	风险程度	事故类型	
11	整组传动试验	试验接线错误	设备障碍	可能，但不经常	一般风险	障碍	1. 试验接线前核对测试端子，特别注意电压、电流接线不能相互混淆；2. 通入试验电压、电流前应先通入小电流、小电压测试确认接线，试验装置无误；3. 试验操作应有监护人，防误操作
12	定值检查核对备份	定值误整定	设备障碍	可能性很小	可控风险	障碍	1. 确认现场整定单为最新定值单，盖有继电保护整定专用章，并在有效期内；2. 现场修改应由两人完成，一人操作、一人监护；3. 严格按定值清单逐项核对
13	端子紧固及安全措施恢复	误碰设备带电部位	人员轻伤	可能，但不经常	一般风险	触电	1. 人体不得直接触碰端子、裸露导线等部位；2. 作业时戴手套；3. 使用带绝缘层的工具
		用力不当	设备障碍	可能，但不经常	一般风险	障碍	使用与端子螺钉尺寸匹配的螺钉旋具，保证接线牢固，且打紧力矩不超过端子参数说明规定值
		开工后安全措施未恢复或恢复不完全	设备障碍	可能，但不经常	一般风险	障碍	1. 逐项检查本次检修涉及电流、电压回路是否已完全恢复；2. 执行前核对图纸，由工作班成员执行，工作负责人监护确认

续表 B.2

序号	工序	危险、有害及生态环境因素	风险分析与评价				主要组织措施及行为标准
			危害后果	发生可能性	风险程度	事故类型	
14	工完场清及设备、设施完整	工器具、检修余废料及作业区域未及时清理	未遂	可能，但不经常	可控风险	未遂	1. 按文明生产标准化要求，及时清理、做到工完、料尽、场地清； 2. 工作票终结时，运行进行同步验收
		封闭施工区域未恢复	未遂	可能，但不经常	可控风险	未遂	1. 按文明生产标准化要求，检修完毕及时撤除围栏、工作垫等隔离设施，恢复区域； 2. 工作票终结时，运行进行同步验收

附录 C

《设备故障风险评估预控分册》编制示例

表 C.1　　　　　汽轮机专业（汽轮机本体系统）

序号	系统	设备	部件	故障辨识		危害分析			风险评价			主要管理措施及技术标准									
												日常巡查		定期维护			定期检修				
				故障现象	故障原因	人身或设备	系统或环保	后果严重度	发生可能性	风险程度	标准	方式	周期（周）	标准	方式	周期（年）	标准	关键工序	周期（年）	检修方式	质量监控点设置	现场先期处置措施
1	汽轮机本体系统	高压缸	螺栓	密封面泄漏	螺栓力矩或伸长量不足	蒸汽泄漏，威胁人身安全	机组紧急停运	人身重伤，设备损坏	可能性很小	一般风险	中分面无泄漏，保温干燥	目视	2	—	—	—	密封面光滑，无贯穿痕迹，PT检查无裂纹；螺栓硬度合格，无裂纹、丝扣连贯无断裂损坏，螺栓按要求力矩或伸长量紧固	密封面检查及螺栓紧固检查	6	大修项目	H 点	螺栓适当紧固
2	汽轮机本体系统	高压缸	螺栓	螺栓断裂	螺栓力矩或伸长量过大	蒸汽泄漏，威胁人身安全	机组紧急停运	人身重伤，设备损坏	可能性很小	一般风险	中分面无泄漏，保温干燥	目视	2	—	—	—	密封面光滑，无贯穿痕迹，PT检查无裂纹；螺栓硬度合格，无裂纹、丝扣连贯无断裂损坏，螺栓按要求力矩或伸长量紧固	密封面检查及螺栓紧固检查	6	大修项目	H 点	螺栓更换、紧固
3	汽轮机本体系统	高压缸	螺母	密封面泄漏	螺母丝扣损坏滑脱	蒸汽泄漏，威胁人身安全	机组紧急停运	人身重伤，设备损坏	可能性很小	一般风险	中分面无泄漏，保温干燥	目视	2	—	—	—	密封面光滑，无贯穿痕迹，PT检查无裂纹；螺栓硬度合格，无裂纹、丝扣连贯无断裂损坏，螺栓按要求力矩或伸长量紧固	密封面检查及螺栓紧固检查	6	大修项目	H 点	螺母更换后紧固

续表 C.1

序号	系统	设备	部件	故障辨识		危害分析		风险评价			主要管理措施及技术标准											现场先期处置措施
				故障现象	故障原因	人身或设备	系统或环保	后果严重度	发生可能性	风险程度	日常巡查			定期维护			定期检修					
											标准	方式	周期(周)	标准	方式	周期(年)	标准	关键工序	周期(年)	检修方式	质点设置	
4	汽轮机本体系统	高压缸	高压轴封体	轴封碰磨	轴封间隙大小	轴承振动高	轴承振动高导致机组停运	设备障碍	可能，但不经常	一般风险	振动正常	查阅SIS画面	2	—	—	—	轴封间隙符合相关要求	间隙检查	12	大修项目	H点	加强主机振动观察
5	汽轮机本体系统	高压缸	高压轴封体	轴封漏汽	轴封间隙大大	蒸汽泄漏，威胁人身安全，轴承箱进水	因轴承箱进水而导致机组停运	人员轻伤，设备障碍	可能，但不经常	显著风险	轴封无泄漏，保温干燥	目视	2	—	—	—	轴封间隙符合相关要求	间隙检查	12	大修项目	H点	加强油品化验
6	汽轮机本体系统	高压缸	高压汽封	汽封碰磨	汽封间隙大小	轴承振动高	轴承振动高导致机组停运	设备障碍	可能，但不经常	一般风险	振动正常	查阅SIS画面	2	—	—	—	汽封间隙符合相关要求	间隙检查	12	大修项目	H点	加强主机振动观察
7	汽轮机本体系统	高压缸	高压外缸	缸体泄漏	缸体裂纹	蒸汽泄漏，威胁人身安全	机组紧急停运	人员重伤，中毒窒息	可能性很小	显著风险	缸体无泄漏，保温干燥	目视	2	—	—	—	缸体应力集中处检查，无裂纹	外缸无损检查	12	大修项目	—	加强缸体裂纹观察，发现泄漏增大，停运机组

续表 C.1

序号	系统	设备	部件	故障辨识		危害分析		风险评价			主要管理措施及技术标准						定期检修					现场先期处置措施
				故障现象	故障原因	人身或设备	系统或环保	后果严重度	发生可能性	风险程度	日常巡查 标准	方式	周期(周)	定期维护 标准	方式	周期(年)	标准	关键工序	周期(年)	检修方式	质量监控点设置	
8	汽轮机本体系统	高压缸	滑销	差胀超限	膨胀受限	汽轮机动叶、静叶摩擦	轴承振动高,导致机组停运	设备一般事故	很不可能	可控风险	差胀曲线平滑	查阅SIS画面	2	—	—	—	滑销无卡涩,无锈蚀	滑销检查	6	大修项目	H点	加强暖机及真空变化观察,并加油脂
9	汽轮机本体系统	高压缸	U形密封环	蒸汽泄漏	密封失效	蒸汽泄漏,威胁人身安全	机组紧急停运	人员重伤、中毒、窒息	可能性很小	显著风险	无泄漏保温干燥	目视	2	—	—	—	密封环按工艺要求安装;螺栓伸长量和法兰口符合要求	密封环更换后检查	12	大修项目	H点	加强漏汽观察
10	汽轮机本体系统	中压缸	中压轴封体	轴封碰磨	轴封间隙大小	轴承振动高	轴承振动高,导致机组停运	设备故障	可能,但不经常	一般风险	振动正常	查阅SIS画面	2	—	—	—	轴封间隙符合相关要求	间隙检查	6	大修项目	H点	加强主机振动观察
11	汽轮机本体系统	中压缸	中压轴封体	轴封漏汽	轴封间隙大大	蒸汽泄漏,威胁人身安全,轴承箱进水	机组紧急停运	人员重伤、设备故障	可能性很小	显著风险	轴封无泄漏,保温干燥	目视	2	—	—	—	轴封间隙符合相关要求	间隙检查	6	大修项目	H点	加强油品化验及漏汽观察

续表 C.1

序号	系统	设备	部件	故障辨识		危害分析		风险评价			主要管理措施及技术标准											检修质量监点设置	现场先期处置措施
				故障现象	故障原因	人身或设备	系统或环保	后果严重度	发生可能性	风险程度	日常巡查			定期维护			定期检修					
											标准	方式	周期(周)	标准	方式	周期(年)	标准	关键工序	周期(年)	检修方式		
12	汽轮机本体系统	中压缸	中压外缸中分面螺栓	密封面泄漏或螺栓断裂	螺栓力矩或伸长量不合格	蒸汽泄漏,威胁人身安全	机组紧急停运	人员重伤,设备障碍	很不可能	显著风险	中分面无泄漏,保温干燥	目视	2	—	—	—	螺栓按要求力矩或伸长量紧固	螺栓紧固检查	6	大修项目	H点	螺栓紧固或更换
13	汽轮机本体系统	中压缸	中压外缸	缸体泄漏	缸体裂纹	蒸汽泄漏,威胁人身安全	机组紧急停运	人身死亡,设备障碍	很不可能	一般风险	缸体无泄漏,保温干燥	目视	2	—	—	—	滑销无卡塞,无锈蚀	外缸无损检查	6	大修项目	—	加强缸体裂纹观察,发现泄漏增大,停运机组
14	汽轮机本体系统	中压缸	滑销	差胀超限	膨胀受限	汽轮机动叶、静叶摩擦	轴承振动高,导致机组停运	设备一般事故	很不可能	可控风险	差胀曲线平滑	查阅SIS画面	2	—	—	—	滑销无卡塞,无锈蚀	滑销检查	3	小修项目	H点	加强暖机及真空变化观察,并加油脂
15	汽轮机本体系统	中压缸	推拉杆	无法动作	滑销系统卡死	汽轮机动叶、静叶摩擦	轴承振动高,导致机组停运	设备一般事故	很不可能	可控风险	差胀曲线平滑	查阅SIS画面	2	—	—	—	活塞动作良好,密封伴良好	推拉杆检查	6	大修项目	H点	加强漏汽观察

续表 C.1

序号	系统	设备	部件	故障辨识		危害分析		风险评价			主要管理措施及技术标准											
				故障现象	故障原因	人身或设备	系统或环境	后果严重度	发生可能性	风险程度	日常巡查			定期维护			定期检修				检修质量监控点设置	现场先期处置措施
											标准	方式	周期(周)	标准	方式	周期(年)	标准	关键工序	周期(年)	检修方式		
16	汽轮机本体系统	中压缸	推拉杆	真空变差	波纹节破裂	机组真空泄漏	凝汽器保护动作导致机组停运	设备障碍	可能性很小	可整风险	真空正常	查阅SIS画面	2	—	—	密封件良好	密封件检查	6	大修项目	W点	加强凝汽器真空观察
17	汽轮机本体系统	中压缸	U形密封环	蒸汽泄漏	密封失效	蒸汽泄漏威胁人身安全	机组紧急停运	人员重伤、中毒、窒息	很不可能	一般风险	无泄漏、保温干燥	目视	2	—	—	密封环按工艺要求安装；螺栓伸长量和法兰口符合要求	密封环更换后检查	6	大修项目	H点	加强汽漏观察
18	汽轮机本体系统	中压缸	中压缸进汽法	蒸汽泄漏	密封失效	蒸汽泄漏威胁人身安全	机组紧急停运	人员重伤、中毒、窒息	很不可能	一般风险	无泄漏、保温干燥	目视	2	—	—	螺栓按要求力矩或伸长量紧固	螺栓紧固检查	6	大修项目	H点	螺栓适当紧固，加强观察
19	汽轮机本体系统	中压缸	汽封	汽封破磨	汽封间隙大小	轴承振动高	轴承振动高导致机组停运	设备障碍	可能，但不经常	一般风险	振动正常	查阅SIS画面	2	—	—	汽封间隙符合相关要求	间隙检查	6	大修项目	H点	加强主机振动观察

续表 C.1

序号	系统	设备	部件	故障辨识 故障现象	故障原因	危害分析 人身或设备	系统或环保	风险评价 后果严重度	发生可能性	风险程度	主要管理措施及技术标准 日常巡查 标准	方式	周期（周）	定期维护 标准	方式	周期（年）	定期检修 标准	关键工序	周期（年）	检修方式	质量监控点设置	现场先期处置措施
20	汽轮机本体系统	低压缸	低压缸轴封体	轴封磨碰	轴封间隙大小	轴承振动高	轴承振动高导致机组停运	设备障碍	可能，但不经常	一般风险	振动正常	查阅SIS画面	2	—	—	—	轴封间隙符合相关要求	间隙检查	6	大修项目	H点	加强主机振动观察
21	汽轮机本体系统	低压缸	低压缸轴封体	轴封漏汽	轴封间隙大大	蒸汽泄漏，威胁人身安全，轴承箱进水	润滑油劣化导致机组停运	人员轻伤、设备障碍	可能性很小	一般风险	轴封无泄漏，无滴水	目视	2	—	—	—	轴封间隙符合相关要求	间隙检查	6	大修项目	H点	加强油品化验及漏汽观察
22	汽轮机本体系统	低压缸	防爆膜	凝汽器真空异常	防爆膜破裂	振动大、负荷带不足	凝汽器保护动作导致机组停运	设备障碍	可能性很小	可控风险	真空正常	查阅SIS画面	2	—	—	—	防爆膜无破损	PT检查	6	—	—	加强真空及主机振动观察
23	汽轮机本体系统	低压缸	滑销	差胀超限	膨胀受限	汽轮机动叶、静叶摩擦	轴承振动高导致机组停运	设备一般事故	很不可能	可控风险	差胀曲线平滑	查阅SIS画面	2	油脂充足	加油脂	1	滑销无卡涩，无锈蚀	滑销检查	3	小修项目	—	加强暖机及真空变化观察，并加油脂

续表 C.1

序号	系统	设备	部件	故障辨识		危害分析		风险评价			主要管理措施及技术标准											
				故障现象	故障原因	人身或设备	系统或环保	后果严重度	发生可能性	风险程度	日常巡查			定期维护			定期检修					现场先期处置措施
											标准	方式	周期(周)	标准	方式	周期(年)	标准	关键工序	周期(年)	检修方式	质量监点设置	
24	汽轮机本体系统	低压缸	推拉杆	无法动作	滑销系统卡死	汽轮机动叶、静叶摩擦	轴承振动高导致机组停运	设备一般事故	很不可能	一般风险	差胀曲线平滑	查阅SIS画面	2	—	—	—	活塞动作良好，密封件良好	推拉杆检查	6	大修项目	H点	加强汽漏观察
25	汽轮机本体系统	低压缸	推拉杆	真空变差	波纹节破裂	机组真空泄漏	凝汽器保护动作导致机组停运	设备障碍	可能性很小	一般风险	真空正常	查阅SIS画面	2	—	—	—	密封件良好	密封件检查	6	大修项目	—	加强汽漏观察
26	汽轮机本体系统	低压缸	联通管法兰	蒸汽泄漏且外缸温度高	联通与内缸密封失效	蒸汽泄漏，机组紧急威胁人身安全	机组紧急停运	人员轻伤，设备障碍	可能性很小	一般风险	无泄漏，保温干燥	目视	2	—	—	—	螺栓按要求力矩或伸长量紧固	螺栓紧固检查	6	大修项目	H点	加强保温漏水观察
27	汽轮机本体系统	低压缸	汽封	汽封碰磨	汽封间隙太小	轴承振动高	轴承振动高导致机组停运	设备障碍	可能，但不经常	一般风险	振动正常	查阅SIS画面	2	—	—	—	汽封间隙符合相关要求	间隙检查	6	大修项目	H点	加强主机振动观察

续表 C.1

序号	系统	设备	部件	故障辩识		危害分析		风险评价			主要管理措施及技术标准											现场先期处置措施
				故障现象	故障原因	人身或设备	系统或环保	后果严重度	发生可能性	风险程度	日常巡查			定期维护			定期检修					
											标准	方式	周期（周）	标准	方式	周期（年）	标准	关键工序	周期（年）	检修方式	质量监控点设置	
28	汽轮机本体系统	低压缸	低压缸隔热	隔热板脱落	固定螺栓断裂	隔热板落至凝汽器热管	凝结水阳导升高	设备障碍	可能性很小	可控风险	—	—	—	—	—	—	螺栓固后采用防松处理	螺栓良好，螺栓紧固检查	6	大修项目	H点	加强主机振动观察
29	汽轮机本体系统	低压缸	低压外缸中分面螺栓	凝汽器真空异常	螺栓力矩不足	机组真空泄漏	凝汽器保护动作致机组停运	设备障碍	可能，但不经常	一般风险	真空正常	查阅SIS画面，无异声听音	2	—	—	—	螺栓按要求力矩紧固	螺栓按要求力矩紧固检查	6	大修项目	H点	加强真空及主机振动观察
30	汽轮机本体系统	低压缸	正、反向进汽导流环汽封圈	破磨	汽封间隙太小	轴承振动高	轴承振动高导致机组停运	设备障碍	可能，但不经常	一般风险	振动正常，保温干燥	查阅SIS画面，目视	2	—	—	—	汽封间隙符合相关要求	间隙检查	6	大修项目	H点	加强主机振动观察
31	汽轮机本体系统	轴承箱润滑油箱	轴承箱润滑油管	泄漏	管道导缺陷	润滑油泄漏并导致火灾隐患	油系统泄漏导致机组停运	设备一般事故	可能性很小	一般风险	管道无泄漏	目视	2	—	—	—	管道无裂纹	无损检查	6	—	—	临时密封并加强泄漏观察
32	汽轮机本体系统	轴承箱润滑油箱	轴承箱润滑油管	泄漏	润滑油管法兰密封件老化	润滑油泄漏并导致火灾隐患	油系统泄漏导致机组停运	设备一般事故	可能性很小	一般风险	管道无泄漏	目视	2	—	—	—	法兰密封件更换，两法兰无张口	法兰检查	6	大修项目	—	临时密封并加强泄漏观察

续表 C.1

序号	设备	故障辨识			危害分析		风险评价			主要管理措施及技术标准										质量监控点设置	现场先期处置措施
		部件	故障现象	故障原因	人身或设备	系统或环保	后果严重度	发生可能性	风险程度	日常巡查			定期维护			定期检修					
										标准	方式	周期(周)	标准	方式	周期(年)	标准	关键工序	周期(年)	检修方式		
33	轴承箱	轴承箱润滑油油管	泄漏	套装回油焊口裂纹	润滑油泄漏并导致火灾隐患	油系统泄漏导致机组停运	设备一般事故	可能性很小	一般风险	管道无泄漏	目视	2	—	—	—	焊道光滑,无裂纹	无损检查	6	大修项目	—	临时密封并加强泄漏观察
34	轴承箱	轴承箱顶轴油油管	泄漏	管道缺陷	轴承损坏并导致火灾隐患	油系统泄漏导致机组停运	设备一般事故	可能性很小	一般风险	管道无泄漏	目视	2	—	—	—	管道无裂纹	无损检查	6	—	—	临时密封并加强泄漏观察
35	轴承箱	轴承箱顶轴油油管	泄漏	焊口裂纹缺陷	轴承损坏并导致火灾隐患	油系统泄漏导致机组停运	设备一般事故	可能性很小	一般风险	管道无泄漏	目视	2	—	—	—	焊道光滑,无裂纹	无损检查	6	大修项目	—	临时密封并加强泄漏观察
36	轴瓦	瓦块	瓦块温度偏高	基础不均匀沉降导致个别轴承载荷过大	轴承乌金损坏	轴承温度过高导致机组停运	设备一般事故	可能性很小	一般风险	温度、振动不超限	查阅SIS画面	2	—	—	—	乌金PT检查无脱胎,表面无拉伤	无损检查	6	大修项目	—	加强主机轴承温度观察
37	轴瓦	瓦块	瓦块温度偏高	接触面积不足	轴承乌金损坏	轴承温度过高导致机组停运	设备一般事故	可能性很小	一般风险	温度、振动不超限	查阅SIS画面	2	—	—	—	接触面积符合要求	接触面积检查	6	大修项目	H点	加强主机轴承温度观察

193

续表 C.1

序号	系统	设备	部件	故障辩识		危害分析		风险评价			主要管理措施及技术标准											现场先期处置措施
											日常巡查			定期维护			标准	定期检修				
				故障现象	故障原因	人身或设备	系统或环保	后果严重度	发生可能性	风险程度	标准	方式	周期(周)	标准	方式	周期(年)		关键工序	周期(年)	检修方式	质量监控点设置	
38	汽轮机本体系统	轴瓦	瓦块	瓦块温度偏高	进油流量偏小	轴承乌金损坏	轴承温度过高导致机组停运	设备一般事故	可能性很小	一般风险	温度、振动不超限	查阅SIS画面	2	—	—	—	进口管道无异物，流量孔板孔径符合设计	进口检查	6	大修项目	—	加强汽轮机轴承温度观察
39	汽轮机本体系统	轴瓦	瓦块	瓦块温度偏高	回油口不畅	轴承乌金损坏	轴承温度过高导致机组停运	设备一般事故	可能性很小	一般风险	温度、振动不超限	查阅SIS画面	2	—	—	—	回油口无异物堵塞	回油检查	6	大修项目	H点	加强汽轮机轴承温度观察
40	汽轮机本体系统	轴瓦	瓦块	瓦块温度偏高	润滑油进油温度偏高	轴承乌金损坏	轴承温度过高导致机组停运	设备一般事故	可能性很小	一般风险	温度、振动不超限	查阅SIS画面	2	—	—	—	—	—	—	—	—	适当调低润滑油进油温度
41	汽轮机本体系统	轴瓦	瓦块	轴瓦振动高	动静碰磨	—	轴承振动高导致机组停运	设备故障	可能性很小	可控风险	温度、振动不超限	查阅SIS画面	2	—	—	—	各通流间隙符合检修规程要求	通流检查	6	大修项目	H点	加强汽轮机轴承振动观察
42	汽轮机本体系统	轴瓦	瓦块	轴瓦振动高	气流激振	—	轴承振动高导致机组停运	设备故障	可能性很小	可控风险	温度、振动不超限	查阅SIS画面	2	—	—	—	—	—	—	—	—	加强汽轮机轴承振动观察

续表 C.1

序号	系统	设备	部件	故障辨识		危害分析		风险评价			主要管理措施及技术标准											
				故障现象	故障原因	人身或设备	系统或环保	后果严重度	发生可能性	风险程度	日常巡查			定期维护			定期检修				质量监控点设置	现场先期处置措施
											标准	方式	周期(周)	标准	方式	周期(年)	标准	关键工序	周期(年)	检修方式		
43	汽轮机本体系统	轴瓦	瓦块	轴瓦振动高	瓦块接触面磨损后目位性能变差	—	轴承振动高导致机组停运	设备障碍	可能性很小	可控风险	温度、振动不超限	查阅SIS画面	2	—	—	—	瓦块与瓦座接触面符合要求	接触情况检查	6	大修	H点项目	加强汽轮机轴承振动观察
44	汽轮机本体系统	轴瓦	瓦块	轴瓦振动高	中心偏差大	—	轴承振动高导致机组停运	设备障碍	可能性很小	可控风险	温度、振动不超限	查阅SIS画面	2	—	—	—	中心按要求进行调整	中心检查	6	大修	H点项目	加强汽轮机轴承振动观察
45	汽轮机本体系统	轴瓦	瓦块	轴瓦振动高	同心度超标	—	轴承振动高导致机组停运	设备障碍	可能性很小	可控风险	温度、振动不超限	查阅SIS画面	2	—	—	—	同心度按要求进行调整	同心度检查	6	大修	H点项目	加强汽轮机轴承振动观察
46	汽轮机本体系统	轴瓦	瓦块	轴瓦振动高	转子质量不平衡	—	轴承振动高导致机组停运	设备障碍	可能性很小	可控风险	温度、振动不超限	查阅SIS画面	2	—	—	—					—	加强汽轮机轴承振动观察
47	汽轮机本体系统	轴瓦	油挡	轴瓦瓦块温度偏高	油挡间隙过大	轴承乌金损坏	轴承温度过高导致机组停运	设备障碍	可能性很小	可控风险	温度、振动不超限	查阅SIS画面	2	—	—	—	轴瓦油挡间隙符合要求	轴瓦油挡间隙检查	6	大修	H点项目	加强汽轮机轴承温度观察

195

续表 C.1

序号	系统	设备	部件	故障辨识		危害分析		风险评价			日常巡查			定期维护			定期检修				质量监督点设置	现场先期处置措施
				故障现象	故障原因	人身或设备	系统或环保	后果严重度	发生可能性	风险程度	标准	方式	周期(周)	标准	方式	周期(年)	标准	关键工序	周期(年)	检修方式		
48	汽轮机本体系统	轴瓦	轴瓦油挡	轴瓦振动高	油挡间隙过小	—	轴承振动高导致机组停运	设备障碍	可能性很小	可控风险	温度、振动不超限	查阅SIS画面	2	—	—	—	轴瓦油挡间隙符合要求	轴瓦油挡间隙检查	6	大修项目	H点	加强汽轮机轴承观察
49	汽轮机本体系统	轴瓦	轴承箱油挡	润滑油泄漏	间隙大漏油	润滑油泄漏并导致火灾隐患	油系统泄漏导致机组停运	设备一般事故	可能性很小	一般风险	温度、振动不超限	查阅SIS画面	2	—	—	—	轴承箱油挡间隙符合要求	轴承箱油挡间隙检查	6	大修项目	H点	加强主油箱油位观察和就地检查
50	汽轮机本体系统	轴瓦	轴承箱油挡	轴承振动高	间隙大，转子与轴承箱碰磨	—	轴承振动高导致机组停运	设备障碍	可能性很小	可控风险	温度、振动不超限	查阅SIS画面	2	—	—	—	轴承箱油挡间隙符合要求	轴承箱间隙检查	7	大修项目	H点	加强汽轮机轴承观察
51	汽轮机本体系统	轴瓦	轴颈	轴颈拉伤	润滑油含大颗粒	油膜破坏、导致乌金损坏	机组振动或瓦温高停运	设备一般事故	很不可能	可控风险	温度不超限	查阅SIS画面	2	—	—	—	轴颈光滑无拉伤	轴颈检查	6	大修项目	H点	加强汽轮机轴承温度观察
52	汽轮机本体系统	轴瓦	上瓦座	轴承振动随负荷变化	瓦座接触不合规定	油膜破坏、导致乌金损坏	机组振动或瓦温高停运	设备一般事故	很不可能	可控风险	振动不超限	查阅SIS画面	2	—	—	—	瓦背部与瓦座接触良好，力矩和瓦座变形量符合要求	瓦座检查	6	大修项目	H点	加强汽轮机轴承温度观察

续表 C.1

序号	系统	设备	部件	故障辨识		危害分析		风险评价			主要管理措施及技术标准											
				故障现象	故障原因	人身或设备	系统或环保	后果严重度	发生可能性	风险程度	日常巡查			定期维护			定期检修					现场先期处置措施
											标准	方式	周期(周)	标准	方式	周期(年)	标准	关键工序	周期(年)	检修方式	质量监控点设置	
53	汽轮机本体系统	轴瓦	下瓦座	轴承振动随负荷变化	瓦座接触不合规定	油膜破坏，导致乌金瓦损坏	机组振动或高温停运	设备一般事故	很不可能	可控风险	振动不超限	查阅SIS画面	2	—	—	—	瓦背部与瓦座接触良好、力矩符合要求和瓦座变形量符合要求	瓦座检查	6	大修项目	H点	加强汽轮机轴承温度观察
54	汽轮机本体系统	轴瓦	推力瓦瓦块	推力瓦瓦块温度超标	乌金温度高	油膜破坏，导致乌金瓦损坏	机组静碰磨停运	设备一般事故	可能性很小	一般风险	温度不超限	查阅SIS画面	2	—	—	—	瓦块与瓦座接触面积和平行度符合要求，瓦块活动自如	瓦块检查	6	大修项目	H点	加强汽轮机推力轴承温度及轴向位移观察
55	汽轮机本体系统	轴瓦	推力瓦油封瓦	瓦块温度偏高	间隙调整不当	油膜破坏，导致乌金瓦损坏	机组静碰磨停运	设备一般事故	可能性很小	一般风险	温度不超限	查阅SIS画面	2	—	—	—	推力瓦油挡间隙调整符合要求	间隙检查	6	大修项目	H点	加强汽轮机推力轴承温度观察
56	汽轮机本体系统	轴瓦	推力瓦瓦座	轴向位移超标	瓦座位移	推力轴承损坏	机组静碰磨停运	设备一般事故	可能性很小	一般风险	轴向位移超限	查阅SIS画面	2	—	—	—	推力轴承座配合间隙符合要求，座内光滑无毛刺	瓦座检查	6	大修项目	H点	加强汽轮机轴向位移观察
57	汽轮机本体系统	液压盘车装置	盘车离合器	盘车无法啮合	离合片磨损	开机时无法盘车	影响机组启动	设备异常	可能性很小	可控风险	—	—	—	—	—	—	离合片无光滑磨损	离合片检查	6	大修项目	H点	手动盘车

续表 C.1

序号	系统	设备	部件	故障辨识		危害分析		风险评价			主要管理措施及技术标准												现场先期处置措施
				故障现象	故障原因	人身或设备	系统或环保	后果严重度	发生可能性	风险程度	日常巡查			定期维护			定期检修					
											标准	方式	周期(周)	标准	方式	周期(年)	标准	关键工序	周期(年)	检修方式	修质点设置	
58	汽轮机本体系统	液压盘车系统	盘车离合器	盘车无法啮合	离合片磨损	停机时无法盘车	汽轮机转子无法盘动	设备一般事故	很不可能	可控风险	—	—	—	—	—	—	离合片无光滑磨损	离合片检查	6	大修项目	H点	手动盘车
59	汽轮机本体系统	液压盘车系统	盘车小轴	盘车无法投运	小轴断裂	开机时无法盘车	影响机组启动	设备异常	可能性很小	可控风险	—	—	—	—	—	—	小轴表面光滑,无裂纹	小轴检查	6	大修项目	H点	手动盘车
60	汽轮机本体系统	液压盘车系统	盘车小轴	盘车无法投运	小轴断裂	停机时无法盘车	汽轮机转子无法盘动	设备一般事故	很不可能	可控风险	—	—	—	—	—	—	小轴表面光滑,无裂纹	小轴检查	6	大修项目	H点	手动盘车
61	汽轮机本体系统	液压盘车系统	轴瓦	盘车无法投运	轴瓦损坏	开机时无法盘车	影响机组启动	设备异常	可能性很小	可控风险	—	—	—	—	—	—	轴瓦乌金无拉伤,无脱胎	轴瓦检查	6	大修项目	H点	手动盘车
62	汽轮机本体系统	液压盘车系统	轴瓦	盘车无法投运	轴瓦损坏	停机时无法盘车	汽轮机转子无法盘动	设备一般事故	很不可能	可控风险	—	—	—	—	—	—	轴瓦乌金无拉伤,无脱胎	轴瓦检查	6	大修项目	H点	手动盘车
63	汽轮机本体系统	液压盘车系统	轴承	盘车无法投运	轴承损坏	开机时无法盘车	影响机组启动	设备异常	可能性很小	可控风险	—	—	—	—	—	—	轴承无磨损,无损检测合格,间隙符合设计要求。	轴承检查	6	大修项目	H点	手动盘车

续表 C.1

序号	系统	设备	部件	故障辨识		危害分析		风险评价			主要管理措施及技术标准										检修质量点设置	现场先期处置措施
				故障现象	故障原因	人身或设备	系统或环保	后果严重度	发生可能性	风险程度	日常巡查			定期维护			定期检修					
											标准	方式	周期(周)	标准	方式	周期(年)	标准	关键工序	周期(年)	检修方式		
64	汽轮机本体系统	液压盘车系统	轴承	盘车无法投运	轴承损坏	停机时无法盘车	汽轮机转子无法盘动	设备一般事故	很不可能	可控风险	—	—		—	—	—	轴承无磨损，无损检测合格，间隙符合设计要求	轴承检查	6	大修项目	H点	手动盘车
65	汽轮机本体系统	液压盘车系统	接头	漏油	接头未完全紧固	润滑油系统较大泄漏	润滑油导致油系统着火	设备一般事故	可能，但不经常	显著风险	无泄漏	目视	2	—	—	—	接头密封面光滑无拉毛，接头螺纹良好	接头检查	6	大修项目	—	接口紧固
66	汽轮机本体系统	液压盘车油缸	盘车	出力不足	活塞间隙太大	开机时无法盘车	影响机组启动	设备异常	可能，但不经常	可控风险	—	—		—	—	—	间隙符合要求	活塞间隙检查	6	大修项目	H点	手动盘车
67	汽轮机本体系统	液压盘车油缸	盘车	出力不足	活塞间隙太大	停机时无法盘车	汽轮机转子无法盘动	设备一般事故	可能，但不经常	显著风险	—	—		—	—	—	间隙符合要求	活塞间隙检查	6	大修项目	H点	手动盘车
68	汽轮机本体系统	手动盘车棘轮、棘爪	棘轮、棘爪	无法锁定	棘轮、棘爪打滑	开机时无法盘车	影响机组启动	设备障碍	可能性很小	可控风险	—	—		—	—	—	棘轮、棘爪正常确锁定	装复后检查	6	大修项目	W点	立即解体更换棘轮棘爪模块
69	汽轮机本体系统	手动盘车棘轮、棘爪	盘车棘轮、棘爪	无法锁定	棘轮、棘爪打滑	停机时无法盘车	汽轮机转子无法盘动	设备异常	可能，但不经常	可控风险	—	—		—	—	—	棘轮、棘爪正常确锁定	装复后检查	6	大修项目	W点	立即解体更换棘轮棘爪模块

续表 C.1

序号	系统	设备	部件	故障辨识		危害分析		风险评价			主要管理措施及技术标准											现场先期处置措施
				故障现象	故障原因	人身或设备	系统或环保	后果严重度	发生可能性	风险程度	日常巡查			定期维护			定期检修					
											标准	方式	周期(周)	方式	标准	周期(年)	标准	关键工序	周期(年)	检修方式	质量监控点设置	
70	汽轮机本体系统	密封瓦	密封瓦块	氢气泄漏	密封瓦间隙过大	密封油无法建立密封氢气	氢气泄漏导致氢爆隐患	设备一般事故	可能性很小	一般风险	氢压正常	查阅SIS画面	2	—	—	—	密封瓦间隙符合要求	间隙检查	6	大修项目	H点	适当调整油氢差压并加强观察
71	汽轮机本体系统	密封瓦	油挡	漏油	油挡间隙过大	润滑油进入发电机	发电机线棒进油损坏	设备一般事故	可能性很小	一般风险	氢压正常	查阅SIS画面	2	—	—	—	油挡间隙符合要求	间隙检查	6	大修项目	H点	调整参数，加强观察
72	汽轮机本体系统	转子	转子	振动大	大轴弯曲度超标	引起振动大，汽轮机停运	存在轴承等损坏的隐患	设备一般事故	可能性很小	一般风险	各轴承振动正常	查阅SIS画面	2	—	—	—	各转子弯曲度符合要求	转子弯曲度检查	6	大修项目	H点	加强暖机，运行调整参数，加强观察
73	汽轮机本体系统	转子	叶片	振动突升	转子叶片断裂或围带脱落	轴振动高，推力轴承温度高	存在轴承等损坏的隐患	设备一般事故	可能性很小	一般风险	各轴承振动正常	查阅SIS画面	2	—	—	—	叶片无裂纹，无汽蚀	叶片检查	6	大修项目	—	加强振动和瓦温观察
74	汽轮机本体系统	转子	叶片	轴承振动高	汽封脱落	轴承振动高，汽封泄漏严重	机组振动或瓦温高停运	设备一般事故	可能性很小	一般风险	各轴承振动正常	查阅SIS画面	2	—	—	—	汽封间隙符合相关要求	汽封检查	6	大修项目	—	加强振动和瓦温观察

续表 C.1

序号	系统	设备	部件	故障辨识		危害分析		风险评价			主要管理措施及技术标准											检修质监点设置	现场先期处置措施
				故障现象	故障原因	人身或设备	系统或环保	后果严重度	发生可能性	风险程度	日常巡查			定期维护			定期检修					
											标准	方式	周期(周)	标准	方式	周期(年)	标准	关键工序	周期(年)	检修方式		
75	汽轮机本体系统	联轴器	转子	振动高	紧固件未进行平衡匹配	因汽轮机振动高而停机	—	设备一般事故	可能性很小	一般风险	各轴承振动正常	查阅SIS画面	2	—	—	—	联轴器良好,无裂纹,中心合格	联轴器检查	6	大修	H点项目	调整运行参数,加强振动观察
76	汽轮机本体系统	转子	对轮螺栓	振动突升	紧固件断裂,联轴器脱落	引起螺栓断裂,联轴器损坏	—	设备一般事故	可能性很小	一般风险	各轴承振动正常	查阅SIS画面	2	—	—	—	螺栓变截面处光滑,表面无拉伤,无裂纹	螺栓无损检查	6	大修	H点项目	调整运行参数,加强振动观察
77	汽轮机本体系统	转子	主轴	振动大	大轴弯曲	大轴弯曲度超标	因机组振动大停机	设备一般事故	可能性很小	一般风险	各轴承振动正常	查阅SIS画面	2	—	—	—	各转子无损等检查符合要求	转子检查	6	大修	H点项目	调整运行参数,加强振动观察
78	汽轮机本体系统	转子	主轴	振动大,漏油	大轴磨损	大轴磨损后,油挡密封间隙变大,漏油	润滑油泄漏后,导致密封系统着火隐患	设备障碍	可能性很小	一般风险	各轴承振动正常	查阅SIS画面	2	—	—	—	各转子无损等检查符合要求	转子检查	6	大修	H点项目	调整运行参数,加强振动观察
79	汽轮机本体系统	水气体阀门水阀	阀门	阀门内漏	密封面损坏	高温存在烫伤威胁,阀后弯管背弧侧冲刷破损,蒸汽泄漏	因凝汽器真空变差而停机隐患	人员重伤,设备一般事故	很不可能	一般风险	无泄漏,保温干燥	目视	2	—	—	—	阀门密封面良好,无断点	阀门检查	3	小修	H点项目	关闭前手动阀

续表 C.1

序号	系统	设备	故障辨识		危害分析		风险评价			主要管理措施及技术标准											
			故障现象	故障原因	人身或设备	系统或环保	后果严重度	发生可能性	风险程度	日常巡查			定期维护			标准	定期检修			质监点设置	现场先期处置措施
										标准	方式	周期(周)	标准	方式	周期(年)		关键工序	周期(年)	检修方式		
80	汽轮机本体系统	本体高压缸疏水气阀门体疏水阀	阀门外漏	填料失效	蒸汽泄漏，威胁人身安全	—	人员重伤	很不可能	一般风险	无泄漏，保温干燥	目视	2	—	—	—	盘根腔室干净，无杂物	盘根更换	3	小修项目	H点	关闭前手动阀
81	汽轮机本体系统	本体疏水手动一次门阀	疏水阀门无法开启	阀杆弯曲或断裂，铜丝母失效	汽轮机因上下缸温差大而变形	机无法正常疏水	设备一般事故	很不可能	可控风险	无泄漏，保温干燥	目视	2	—	—	—	阀杆弯曲度良好，PT检查无开裂，铜丝母良好	阀门检查	3	小修项目	H点	延长汽轮机机暖缸时间
82	汽轮机本体系统	本体疏水手动一次门阀	阀门外漏	填料失效	蒸汽泄漏，威胁人身安全	—	人员重伤	可能，但不经常	显著风险	无泄漏，保温干燥	目视	2	—	—	—	盘根腔室干净，无杂物	盘根更换	3	小修项目	H点	紧盘根并加强泄漏情况观察
83	汽轮机本体系统	疏水扩容器	漏汽	管道裂纹	蒸汽泄漏，威胁人身安全	—	人员重伤	可能，但不经常	显著风险	无泄漏，保温干燥	目视	2	—	—	—	管道焊口无裂纹	焊口无损检查	3	小修项目	—	现场隔离，临时密封后加强泄漏观察

续表 C.1

序号	系统	设备	部件	故障辨识		危害分析		风险评价			主要管理措施及技术标准											现场先期处置措施
				故障现象	故障原因	人身或设备	系统或环保	后果严重度	发生可能性	风险程度	日常巡查			定期维护			定期检修					
											标准	方式	周期(周)	标准	方式	周期(年)	标准	关键工序	周期(年)	检修方式	质监点设置	
84	汽轮机本体系统	疏水扩容器	减温水喷嘴	减温效果差	喷嘴堵	疏水扩容器温度过高	—	设备一般事故	很不可能	可控风险	减温水流量在要求范围内	查阅SIS画面	2	—	—	—	滤网干净、无滤网破损	滤网检查	3	小修项目	—	对疏水扩容器采用临时警告隔离
85	汽轮机本体系统	疏水扩容器	人孔门	人孔门密封面漏真空	密封失效	高温汽水泄漏，威胁人身安全	真空变差导致停机	人员重伤、设备障碍	可能性很小	显著风险	真空合格	查阅SIS画面	2	—	—	—	密封面干净、无贯穿，螺栓紧固均匀、力矩符合要求	人孔门清理后检查、密封件更换	3	小修项目	—	紧固螺栓临时密封，并加强汽轮机真空度观察
86	主、再热蒸汽系统	高压、中压主汽门	主汽门	动作受阻	阀杆弯曲或断裂	存在汽轮机超速的风险	主汽门动作受限导致机组停运	设备较大事故	可能性很小	显著风险	主汽门动作良好	全行程活动试验	2	—	—	—	阀杆弯曲度良好，PT检查无开裂	阀杆检查	12	小修项目	H点	调节汽门严密性试验，确保调节汽门动作正常

续表 C. 1

序号	设备系统	部件	故障辨识		危害分析		风险评价			主要管理措施及技术标准										
			故障现象	故障原因	人身或设备	系统或环保	后果严重度	发生可能性	风险程度	日常巡查			定期维护		定期检修				修质监点设置	现场先期处置措施
										标准	方式	周期(周)	标准	周期(年)	标准	关键工序	周期(年)	检修方式		
87	主、再热蒸汽系统	高压、中压主汽门	阀门内漏	密封失效	存在汽轮机超速的风险	主汽门内漏严重导致机组停运	设备较大事故	可能性很小	显著风险	无	无		—	—	阀芯密封面连贯，无断点	阀芯检查	12	小修	H点项目	调节汽门严密性试验，确保调节汽门动作正常
88	主、再热蒸汽系统	高压、中压主汽门	阀门外漏	密封失效	蒸汽泄漏，威胁人身安全	机组紧急停运	人身重伤，设备一般事故	很不可能	一般风险	无泄漏，保温干燥	目视	2	—	—	按照力矩要求紧固螺栓	密封环检查	12	大修	H点项目	现场隔离并临时密封
89	主、再热蒸汽系统	高压、中压主汽门	填料室外漏	填料失效	蒸汽泄漏，威胁人身安全	机组紧急停运	设备一般事故	可能性很小	一般风险	无泄漏，保温干燥	目视	2	—	—	填料室内部干净，无杂物	填料内部检查	12	小修	H点项目	现场隔离并临时密封
90	主、再热蒸汽系统	高压、中压主汽门	缸内壁温度异常升高	扩散器裂纹	引起缸内壁超温	内壁超温导致机组停运	设备一般事故	可能性很小	一般风险	内壁温度正常	查阅SIS画面	2	—	—	扩散器PT检查，无裂纹	扩散器检查	12	大修	H点项目	加强缸内壁温度观察

续表 C.1

序号	系统	设备	部件	故障辨识		危害分析		风险评价			主要管理措施及技术标准											现场先期处置措施
				故障现象	故障原因	人身或设备	系统或环保	后果严重度	发生可能性	风险程度	日常巡查			定期维护			定期检修				质量监督点设置	
											标准	方式	周期(周)	标准	方式	周期(年)	标准	关键工序	周期(年)	检修方式		
91	主、再热蒸汽系统	高压、中压调节汽门	调节汽门	动作受阻	阀杆弯曲或断裂	存在汽轮机超速的风险	调节汽门动作受限导致机组停运	设备较大事故	可能性很小	显著风险	调节汽门动作良好	全行程活动试验	2	—	—	—	阀杆弯曲度良好，PT检查无开裂	阀杆检查	12	大修项目	H点	减少阀门动作次数，稳定阀门开度
92	主、再热蒸汽系统	高压、中压调节汽门	调节汽门	阀门内漏	密封失效	存在汽轮机超速的风险	调节汽门内漏严重导致机组停运	设备较大事故	可能性很小	显著风险	—		—	—	—	—	阀座密封线连贯，无断点	阀座检查	12	大修项目	H点	阀门尽量开大，防止密封面吹损扩大
93	主、再热蒸汽系统	高压、中压调节汽门	调节汽门	阀门中分面泄漏	密封失效	蒸汽泄漏，威胁人身安全	机组人员紧急停运	重伤，设备一般事故	可能性很小	一般风险	无泄漏，保温干燥	目视	2	—	—	—	无变形，密封性能良好	密封环更换	12	大修项目	H点	现场隔离并临时密封
94	主、再热蒸汽系统	高压、中压调节汽门	调节汽门	填料室外漏	填料失效	蒸汽泄漏，威胁人身安全	机组人员紧急停运	设备一般事故	可能性很小	一般风险	无泄漏，保温干燥	目视	2	—	—	—	填料室内部干净，无杂物	盘根腔室检查	12	大修项目	W点	现场隔离并临时密封
⋮																						

参 考 文 献

［1］吴超，黄浪，王秉．新创理论安全模型［M］.机械工业出版社，2018.

［2］王志荣，田宏，邢志祥，等．安全工程学原理［M］.中国石化出版社，2018.

［3］金龙哲，汪澍．安全工程理论与方法［M］.化学工业出版社，2019.

［4］邵辉，葛秀坤．安全管理学［M］.中国石化出版社，2014.

［5］刘辉，孙四梅，马池香．安全系统工程［M］.中国建筑工业出版社，2016.

［6］牟善军．化工过程安全管理与技术［M］.中国石化出版社，2018.

［7］赵劲松，陈网桦，鲁毅．化工过程安全［M］.化学工业出版社，2018.

［8］伍培，刘义军，伍姗姗．安全心理与行为培养［M］.华中科技大学出版社，2016.

［9］罗云，李峰，王永潭．员工安全行为管理［M］.化学工业出版社，2019.